愛是唯一不變的答案，
永恆的終極答案

東方聖光／著

序

　　天堂，比人間更眞實，因爲人間的苦難，終究會過去，而天堂的光明幸福，是永恆無邊際；接納人間的苦難，以臨終前的心，清醒淡然地，看待你眼前經歷的一切，以釋懷且溫暖的寬恕心，原諒你正在經歷的現實矛盾。

　　修行者，是屬於天堂的，因爲天堂才是眞實的，而我們今生所經歷的一切，無論是非善惡，無論幸福苦難，都是我們內心的執迷，所導致的「業報」境界；釋懷了自己的內心，就能夠化解外界的「業報因果」。

　　當自我體驗感知，融入內在寬恕時，原始的生命本性就會甦醒；純淨永恆的幸福天堂，就會於身心中降臨人間，天堂中一切苦難都會被善解，所有悲傷苦難都會被治癒，一切生死絕望都將消失在光明中；無限的生命帶來無限的幸福，無限的光明將開拓無限的希望。

愛是唯一不變的答案，永恆的終極答案

希望，是天堂之光。

若眾生聽聞真理，反觀身心內在，覺醒心靈本來面目，
則「生死夢境消融，山河大地無寸土」。
隨著心靈覺醒，構成身心意識的，累劫習氣妄想消融，
由心靈罪咎聚合因緣業力，
體現在人間的「生理疾病」現象，
就會得到緩解，疾病消融，療癒康復。

種種神奇的案例，都是患者自心療癒的效果。
並非是，真理救死扶傷的神蹟功德。
真理，只解開眾生心靈迷惘，不針對人類物質生活。
真理，只喚醒靈魂深處的光，不改變現實生活環境。

是眾生的心靈，信受真理，
靈魂覺醒後，由內而外改變了，生理疾病現象。
是眾生改變了自己的心，從而改變了自身命運。

願普天之下，都能聽聞真理，從改變內心開始，進而改變生命的未來。

愛是唯一不變的答案，永恆的終極答案

| 目錄 |

抑鬱症

重症康復

愛的重生

福報功德

驅逐靈體

親子關係

溺愛會扼殺孩子的生存能力

學生：下午女兒發了一篇文章給我，部分內容如下：

……我一直很聽爸爸媽媽的話，買他們不喜歡的東西，我就會有很強烈的負罪感，覺得自己有違背道德和規矩，其實也沒什麼，不過對於從小就是聽爸爸媽媽話的我來說是有很大的心理負擔。

後來我還是堅持買了自己喜歡的東西，多虧姐妹的鼓勵，哈哈哈，現在越看越喜歡，買的時候特別難受，心如刀絞。不是因為錢，是因為我沒有聽我爸的意見，我二十年一直很聽他們的選擇，所以就感覺像是做了犯法的事一樣，哈哈哈……

後來我想的是我想做一次我自己，就算後悔也沒關係，我花自己的錢，買自己喜歡的，這又能怎麼樣？大不了以後

覺得不好了，吃虧了，再聽爸爸媽媽的就可以了，不要一直活在小時候的影子裡，然後我就狠心買了，現在很開心，希望和我一樣的姐妹能放寬心買自己想要的，只要不是觸及原則的事，一定要遵從自己的心！寬恕那個覺得買東西不聽爸媽就有負罪感的自己！真的很有效果，就暗示自己：這只是買個東西，只是眼光不同，買自己喜歡的就好！

老師：看你女兒的內心糾結，我可以推測出，你們做父母的，對孩子的愛，表現得太強迫太控制了，你的女兒長到20歲，沒有得抑鬱症，真是她的幸運；孩子要有自己獨立的主見，獨立的心靈，獨立的思維，獨立的信仰，父母無權去命令，最好也不要建議，任何建議都不要給，讓她自己去摔跤，去碰壁，去傷痛，去流血，去體驗失敗與恐懼，當孩子的心靈，經歷了足夠的傷痛與現實磨礪，她自己就會形成自我保護的警覺，她的靈魂就會形成理智且堅強的抗壓力，這個時候，父母就可以給予她，她需要的幫助，無論是精神上的，還是物質上的，你們無法代替孩子生活，你們都會離開孩子，她註定要一個人面對這個殘酷的世界。

與其，讓她作爲一棵沒有絲毫生存能力的幼苗，在你們離開她之後，獨自一個人面對人心的邪惡黑暗，還不如，在你們活著的時候，在身邊看著她，經受各種傷害，唯有經歷過傷害的心靈，才可以讓靈魂強壯、清醒、理性、健康，真正愛孩子的父母，絕不會因爲自己的不安全感，而全身心溺愛孩子，將她的生存能力全面扼殺。

　　祝福你的女兒，希望她能獨立自主，清白陽光地活著。

對孩子的培養，基於兩個基本點。第一是自律，教會他約束自己的言行，為別人的感受考慮；第二是寬恕，能夠心存善良，溫暖的內心中，將培育出健康樂觀積極的心態。

親子關係

愛孩子，就給予她安全感，
與全部的自由

　　教育孩子就是一個底線，「黃賭毒」絕不可以碰，想都不能想，除此之外的任何事情，都隨你所願，你想去撿垃圾維持生活，支持你；你想去學習足療，為人捏腳服務，支持你；你想要當街賣唱，支持你，並且去給你捧場；如果你有學習的渴望，能吃苦受累啃下書本，絕對砸鍋賣鐵供你上學，反正就一句話，你的人生自己做主！你自己選擇的人生，自己去承擔選擇後的結果，不要怕失敗，人生中失敗才是正常的，成功都是罕見的，只要盡心盡力，付出的努力對得起自己的良心，你的人生就是滿足的。

　　人都會老的，活到50歲開外，回頭看看自己這一生，前半生的榮華富貴，眾人矚目，交口稱讚，都是浮雲掠過，真正能夠留住的，屬於自己的生命記憶，不過就是真心想做自己願意做的事情，並且傾盡全力投入其中的生命過程，這段

過程才屬於自己，這段憑著真心全然付出的歲月，才是曾經活過的證據。

　　如果，為了達到社會價值，為了別人的眼光而活著的人生，那是屬於別人的生活，你將自己的生命，活成了別人眼中的演員，為了其他人的羨慕、尊重、讚歎、讚美而活著，到了年老體弱的時候，你的演員形象被世界遺忘的時候，你會發覺自己一生活得很可憐，沒有價值，很空虛，因為你從來沒有憑藉本心的意願，為達成自己的心願而真正燃燒過生命。那麼在別人眼中你風光的一生，不過是行屍走肉而已。

　　教育孩子的核心，就是全然的愛與支持，何謂愛？理解，體諒，溫暖，沒有任何附加值；何謂支持？在她需要幫助的時候，無條件地付出自己的所有；但是絕不以權威的名義，強加給孩子任何意見與觀念；靠著自己的心願，吸收書籍知識，並且在生活中沉澱所學成為生命經驗的孩子，骨子裡會自信陽光，有分寸有見識，有膽量有魄力，父母要做的事情，只是為孩子鋪墊一個永遠都在的「保護墊」，在她從

理想的高度掉落下來時，可以用溫暖的愛，以及物質金錢支撐她，修復傷口，滿血復活。

愛孩子，就給予她安全感，與全部的自由。

愛是唯一不變的答案，永恆的終極答案

愛與規則的平衡

　　學生：對親情的捨棄，才開始，路還很遠，但很堅定。捨棄親情的決心和信心……發願：從此刻開始，我就是一個在家的出家人了。踏踏實實踐行寬恕，消融自我，跟隨老師回家。（節選）

　　老師：不要走極端，管教孩子是父母的責任，必須要做好，否則你就不配爲人父母；我說的放手，是在培養孩子、管教孩子的基礎之上，不要對孩子形成明確的「期許」，也就是功利化，不要一定要求孩子考多少分，盡心盡力就好，不要強求孩子要上名校，不考上名校就如何如何，這種明確具體的，功利化的教育，會壓抑孩子的靈魂形成抑鬱症，等到孩子心靈生病的時候，你再痛哭流涕就悔之晚矣。

　　我身邊的朋友，眞實發生的案例：父母都是藤校的教授，孩子，從小到大學習成績優異，後來考入哥倫比亞大

學，藤校排名靠前的，入學後，因爲長期的優異導致對自己要求得嚴格，內心無法接受，自己在全世界優秀孩子之中競爭失敗的挫敗感，自殺了。

作爲父母，你面對這個結局會如何想？

你想要一個哈佛大學的兒女，但是會隨時面臨死亡；還是想要一個事業普通，但是性格陽光健康的孩子？

還有一個媽媽，事業成功，是（輝＊）公司的高管，女兒也是一樣優秀，成績一直第一，游泳拿過州第一名，這是妥妥的上哈佛、耶魯的節奏。

美國對亞洲女性非常照顧，對亞裔男性則很歧視，不知道什麼原因，北美地區的白人，對亞裔女性普遍寬容而且善待，這個女孩子的條件，絕對是上哈佛、耶魯、斯坦福的人，可是，因爲長期的學習壓力導致身體不適，患了抑鬱症了，休學在家，天天想著自殺。

愛是唯一不變的答案，永恆的終極答案

爸爸媽媽什麼都不能幹，每天陪著她。

你們的孩子或許普通，但是最起碼，心靈沒疾病吧？

你們是否親身經歷過，孩子生病的狀態？感冒發燒，就可以讓你一週時間寢食不安，熬夜疲倦；如果孩子患上了自閉症、抑鬱症，想要自殺，想要自我毀滅，你平日裡孜孜以求的，人間榮華富貴，對孩子未來的幸福生活憧憬，究竟有何意義？

給孩子一個溫暖安全的家，給孩子一個永遠不變的愛，給孩子一個永遠的承擔與退路，讓他自己去，面對自己的人生，管教他但是不強迫他，講道理，但絕不要訓斥他；不要對他有任何具體的期許，任何人間目標，都需要孩子自己去制定，自己去實踐，並且自己承擔一切結果。

讓孩子自己摔跤，疼幾次後，他發現沒有人可以替自己受傷，自己的痛苦並不能帶給其他人痛苦，他自己就會本能地，遠離經受痛苦的機會。

沒有指責，沒有否定
只有寬恕與溫暖，只有接納與愛

愛與規則，都是要有的。

愛是唯一不變的答案，永恆的終極答案

案例
過去是「後媽」，
現在是無話不談的「姐妹」

　　21歲，我就結婚生了一個女兒，考驗也隨之而來。

　　女兒剛出生不到一個月，婆婆就給她算命去了，當時的我一點分辨能力都沒有，心裡唯有恐懼，婆婆說什麼就是什麼。

　　算命的說，我女兒剋娘家，不能管我們叫「爸爸媽媽」，要叫我周老師，剛好我又是幼兒教師，也就聽從了。

　　從此，這個「周老師」就對女兒百般苛刻，一點不合我意，我就大發雷霆，把女兒罵得多次暈倒。最悲哀的是，我一直不知道這樣是錯的。作為一個母親，最起碼的母愛，在我身上找不到一絲一毫。月子裡我就忍心讓她乾哭半小時，

絲毫不心痛。

　　女兒9歲開始，她的肚子經常會痛，斷斷續續地越來越嚴重，嚴重時甚至上不了學。我總以爲她是裝的，就對女兒爆發各種辱罵，我們之間不和的場面是家常便飯。

　　然後我又迷信地去找什麼「活佛」，說要如何如何做，不然我女兒就活不過10歲。這是一個多麼大的噩耗啊！我的心早就承受不住了，但是，我還是強忍著，充滿恐懼的我，選擇了繼續痴迷下去，不僅花了許多錢，孩子也一點沒有好起來。

　　婆婆這邊的家人們都說我是後媽，不然哪會捨得這樣對女兒？而我十幾年來，把心裡所有委屈、不滿統統衝著女兒發洩，因爲只有她是小孩，大人我又不敢。

　　我女兒上初中後，情況更加嚴重，我們會彼此對罵，各種語言攻擊。有時她會通過離家出走、割手臂來緩解內心的

痛苦。她還經常得嚴重的口腔潰瘍，喉嚨二度腫大導致的發燒，是經常的事，嚴重時吞嚥都成了困難事。帶她看了心理諮詢師，到醫院也檢查了，診斷說是抑鬱症，但服了藥也沒效果。

在此期間，我們的一次吵架，導致她在4個小時內，分兩次服用完十幾顆抑鬱症的藥。我們下班回家後才發現，立刻帶她去醫院進行催吐治療，還好沒有什麼大礙。

2021年我遇到了老師的法，當時女兒正在上初中。慢慢地，我們看到了改變。雖然一開始我們還是會吵，但是次數越來越少，吵完我就開始寬恕，一次次流淚度過。

在這期間，女兒的房間裡24小時不間斷地播放《夢》[1]，哪怕她一開始會經常把音量調成最低，我也會悄

1　《夢》，以「祂」的體性，闡述眾生與「祂」未曾分離。為眾生介紹生命本來的自己。開示不同等級靈魂，歸入「祂」的道路。是「祂」智慧還原，是「祂」寬恕遠離。是畢生修行的功課，是保護靈魂的護法。

悄調響一點，因爲當時我相信，只有讓女兒聽老師的聲音才會好起來。

後來，我女兒慢慢不再排斥，我偶爾還會給她發一些老師文字開示段落，她也會回覆：OK，好的。晚上她也會大聲開著音頻，我會和她講一些師兄們轉變提升的例子，她越來越喜歡聽，時不時還會跟我交流幾句。

雖然過程艱難，一切都值得，太開心了。

在學老師法後，我才意識到，我是愛我女兒的，與此同時心裡裝的卻是滿滿的自責和愧疚，覺得自己不配當一個母親。伴隨著我們和婆婆分開居住，我的內心功課也開始一點點去突破，逐漸從愧疚感中走出來。

我知道自己錯了，必須要懺悔、改正，但不能一味陷在自責當中，那樣不僅幫不了女兒，還會讓我們越來越糟糕。

愛是唯一不變的答案，永恆的終極答案

記得老師說過：誇獎孩子，哪怕沒東西誇，就說你長得白，真漂亮。（大意）

然後我就照做，說：寶貝，你的皮膚好好啊，真好看！

哪天起床吃早飯了，我就真誠地說：寶貝，今天竟然起床吃早飯了，真棒呀！

就這樣，一次次，一點點，我找各種理由去誇她。

當我女兒做了一件事情讓我不開心時，我會嘗試著站在她的角度去想，讓自己努力去理解她，後來，慢慢就好起來了。現在的我已經不用費力，就能理解、體諒她了。

我是如何做到愛她呢？在我意識清醒，內心平靜的時候，我就會告訴自己：我是愛女兒的，我是一個好媽媽。女兒不會怨恨我的，她也愛我。

源於靈魂的愛，可以溫暖孩子的心靈，一顆健康純淨的心靈，才是健全人格成長的保證，比《弟子規》有效。

在現實生活當中，盡量去滿足女兒的小要求，讓她感覺到媽媽對她的愛。後來，我和女兒就如姐妹一樣，無話不說，感情越來越好，偶爾拌幾句嘴，過幾分鐘就好了。而且我們都不會放心上，她還會經常跟我說一些心裡話。

愛是唯一不變的答案，永恆的終極答案

現在基本上不會再有爭吵，哪怕是有不愉快，我們會在當時坦然說出來，然後馬上得到釋懷，不會像以前一樣憋在心裡，等待爆發。

目前，女兒心態上積極樂觀，學習上很求上進，身體有些不舒服也會堅持。更不會再有割手臂的現象，也會關心自己的身體了。

最開心的是，我女兒現在臉色、眼神、身體都不一樣了。以前臉色蒼白，眼神無主，噩夢多，經常睡不醒，總是昏昏沉沉。那時遇到困難就會很生氣，特別暴躁，經常發火、不理人，房門一鎖就是幾天。但是現在，她願意聽我們的勸導了，當我分享老師的方法，她也會接受並實踐。我告訴她：要寬恕自己、接納自己，愛自己！最強大的不是對抗，最強大的是釋懷。相信老師是愛你的，祈求老師幫助。

她回覆我：好的！

單親母親的絕望與救贖

　　從小我的生活環境就是，爸爸媽媽爲了掙錢養家起早貪黑經常不在家，整個童年幾乎很少得到母親的陪伴，因此從小我的性格就一直有些悲觀和懦弱。總是幻想一些悲傷的事情，我也不會說啥讓人開心的話，因此在衆人眼中我一直是一個孤僻、不懂人情世故的孩子，沒有什麼朋友，很多時候我只有通過貶低自己，用自嘲的方式，來獲得別人的好感，讓他們願意和我做朋友。我的內心沒有安全感，充滿懼怕，孤獨又自卑，在父母和他人眼中，我一直是啥事也幹不好的窩囊廢。

　　這樣的情況伴隨著我的整個童年到大學，因爲外貌長得乖巧，這時候外貌成了我唯一可以炫耀找回自尊的資本，其實骨子裡一直非常地自卑和孱弱。我是「心比天高，命比紙薄」，骨子裡渴望找個有錢人過上好生活，可是人生總是不

得志。

第一段婚姻因連續自然流產幾次，得了生育障礙多囊卵巢綜合症，導致再也無法生育，人也一下長胖了三十多斤，完全變形。這使往日虛榮的資本蕩然無存，隨之而來的是更加自卑和憤世嫉俗。

第一任丈夫在我剛剛流產當日就提出了離婚，我無法接受這樣的雙重打擊，患了抑鬱症中的強迫症。每次發作時，有兩個相反的念頭在腦海中不停打架，比如走到河邊看到一個小孩，腦海裡會突然冒出想把這個小孩推下河裡淹死，但是理智告訴我不能這樣做，另外一個念頭又會不斷催促自己趕快做，為了控制這個壞念頭，我就只能通過不停地扇自己耳光和用頭撞牆，用這樣的極端方式來試圖讓自己停止這些恐懼念頭。如果能夠在那時就能遇到上師，知道去寬恕接納擁抱這些念頭和體驗，後面，我的孩子也不會受那麼多苦，都是眼淚。

2012年離異後，我剛開始接觸佛法進入佛門，可惜學的是外道獲得法。2014年上天給我送來了一個可愛的孩子。在懷孕的時候胎夢非常好，我以前是一個迷信的人，覺得這個孩子是我放生拜佛來的，因此他一定是不凡的人，一定帶著使命來的。就是這個貪婪的執念，讓我想要靠孩子徹底拯救自己悲劇的一生，讓他代我實現我未曾得到的虛榮和尊重，因此，我的人格又分裂成爲以炫耀孩子來獲得關注，來填補自己人生失意的痛苦。

2016年，在孩子一歲多剛學會走路的時候，我當時學習外道傳統文化，學著《天下父子第一課》裡教導的，讓穿著開襠褲的兒子拖地、擦桌子、做家務，一旦違背我的意願就罰跪，用竹板戒尺打他。戒尺在網上一次性購買幾根，以傳統文化教育孩子成才爲藉口，發洩心中的痛苦絕望。因爲在生活中，丈夫沒工作，不上進，只靠我一人掙錢養家，我的生存壓力很大，精神上得不到他的關愛，他經常冷暴力對我，可是從小養成的懦弱卑微使我敢怒不敢言，對他一直隱忍，轉而把所有的惡毒和痛苦絕望，全部發洩在毫無反抗能

力的孩子身上。每次只要孩子有一點的不合心意，我都感到自己眼睛都是發紅的，青筋暴露，家裡常常充斥著孩子的慘叫聲。

按照孩子當時的年齡，其實他根本什麼都不懂，可是我卻要求他像大人一樣能夠洞察我的心思，只要他達不到，我就暴打他，很多次手指粗的竹條都打斷了，可是我的怒氣仍然無法停止，看著孩子哭得上氣不接下氣，到處躲藏，我又感到十分地自責，只能不停地狂扇自己的耳光。這樣的日子幾乎三天兩頭上演，孩子和我都活在了人間地獄。而我還在執迷不悟，覺得孩子如果不嚴厲教育，他就不能成才，就不能成為我在人前的驕傲，不能為我洗雪前夫因為我不能生育而拋棄我的仇。

那時因為內心充滿了惡毒、抱怨、嗔恨，覺得我是世界上最苦的人，別人都對不起我，從而長達五年時間，我都能看到蟒蛇幻影追殺我。2017年下半年，因為看到印度版的《佛陀傳》，心生歡喜，非常敬仰佛陀，我就發願要弘揚

《佛陀傳》，想要讓更多的人認識佛陀。2017年12月因結緣《佛陀傳》的因緣認識了學習老師法的師兄，她聽說我的情況後，將老師的播經機和一本《夢》給我郵寄過來了。

從接到老師的播經機的第一天起，我就在家裡循環播放《夢》，無論我聽懂聽不懂我都堅持播放，出門隨身攜帶一個播放器，上下班戴著耳機聽。

我的業障太重太重了，聽法兩年多的時間裡，我經歷了多種病業的反覆，多次九死一生都過來了，又經歷了家庭變故。我的抑鬱症復發，雖然學習老師法兩年，但是我卻沒有學懂，我認為的寬恕是強迫自己去寬恕外在的那個他，而不是寬恕自己內心的痛苦，沒有從心地上下功夫，仍然認為有一個外在的傷害對象需要我去寬恕，強迫自己假裝好人，並沒有真實地面對自己內心的痛苦和絕望。所以在這兩年多還是經常控制不住情緒打孩子，每次打完，我的內心都充滿了自責和痛苦，內心對外界充滿了仇恨和抱怨。

在學習老師法第四年，2022年上師的「寬恕」音頻，如《溫暖小我》等系列音頻出來，那時我也剛好遇到人生又一個痛苦時刻，孩子爸爸拋棄了我和孩子，出軌了。我每天聽上師的《溫暖小我》《寬恕引導》音頻等，邊哭邊聽。我突然明白了原來我一直錯了，因為我的痛苦來源不是外界的傷害，而是我自己啊，我沒有真正地去寬恕自己，沒有真正地走進自己的心裡去接納他們的痛苦。所以我所有的痛苦得不到接納和理解，一直積壓在心裡，一遇到對境就爆發。寬恕，真正寬恕的是我們自己啊，是我們自己對於這個世界的認知和自我維護的索取心。

所以我學著不再去定義自己，每次內心那些痛苦的記憶湧出來的時候，我就想像有另外一個溫暖的我，包容一切接納一切的我，擁抱自己的痛苦，給他無限的溫暖和愛，就像哄剛出生的小嬰兒一樣，把自己的所有痛苦和絕望擁入懷裡安撫、溫暖、理解並擁抱自我的訴求，讓自己的痛苦和絕望在全然的接納和擁抱中釋放。我漸漸地發現，暴怒上來時，我能夠清醒地看到自己的動機和情緒，並及時拉回來，打孩

子的事情在慢慢地減少。孩子對我說：我喜歡現在的媽媽，以前的媽媽讓我害怕。孩子的話讓我無比心酸，其他小朋友的童年是得到父母無盡的寵愛，而他迎來的只是我不斷情緒失控的暴打。

最近這一年多時間裡，我的考驗也並不比幾年前少，從工作到生活一件接著一件地全面向我砸來：隨時失業的威脅，身體重病的威脅，孩子身體和性格孤僻等各種問題。可是我發現在面對這些對境的時候，內在的體驗在轉變了，以前我會覺得自己命苦，現在我感到很平靜。我知道，我之所以痛苦，根源不在外面，是我的內心的索取投射了種種問題，是我定義了善惡對錯標準，一切都是我內心的慾望導致的種種痛苦和煎熬。

就如上師說的，一切都是已經發生過的事情在回放，既然是已經發生過的事情，那我卻想要去改變夢境、改變已經定好的事情，不是可笑嗎？唯有接納，不排斥也不執迷，把一切苦難當作來檢驗自己修行的台階，珍惜每一個磨難，在

愛是唯一不變的答案，永恆的終極答案

每一個對境中用寬恕、感恩和愛去回饋對方，我驚喜地發現每一個磨難對境都是幫助我們解脫生死的菩薩的化現。

我發現當我接納擁抱自己對外界的索取，寬恕自己的慾望和痛苦，寬恕對孩子的焦慮，選擇真實面對自己的內心，徹底臣服於命運的安排，不再去追逐這個虛幻的世界，用愛和溫暖去陪伴孩子，將上師的愛與溫暖傳遞給他，讓他感受到愛和無盡的接納，這就是對孩子最好的言傳身教。

孩子也在慢慢轉變，受傷的心靈在愛和溫暖中逐漸恢復，我堅信唯有愛和接納可以融化一切隔閡和痛苦。

單親母親的絕望與救贖

愛是唯一不變的答案，永恆的終極答案

和諧家庭

家庭不是講道理的地方

家庭，就是兩個各有特點，有性格癖好稜角的靈魂，相互碰撞、相互融合的過程，在家庭的閉環中，彼此保持信任，以及不要觸及對方的隱痛，是最基本的尊重，你無法去改變對方的心靈體驗，那是生生世世形成的業障，對方也無法改變你的內涵，可是，雙方可以找到共同喜歡的聚焦點，一起做讓大家歡喜的事情，這是經營家庭的核心，求同存異，不要苛求對方全部接納自己，也可以保留自己內心深處，一個獨立的、自由的、私密的空間，兩個人是要一起走完一生的，不要強求對方接受自己的觀點與喜好，也要尊重對方的觀點，哪怕不贊同，但是不要去強迫別人改變，當時間磨平了愛慾的激情，荷爾蒙消退後，個人鮮明的性格與靈魂習氣就會展露無遺，往後的餘生，需要的更多的是理解、寬恕、接納、體諒，以及信任的溫暖，家庭不是講道理的地方，是身心安全，休息靈魂的場所，愛人在家庭中的角色，更多的是朋友，以信任與體諒的溫暖，接納寬恕對方的缺

愛是唯一不變的答案，永恆的終極答案

點，對方才能在你這裡，獲得情感中的安慰，以及身心的放
鬆與靈魂的愉悅。

兩口子吵架，是內心的訴求沒有滿足，可以試著作為陌生人一樣，平靜
地談談，禮貌，有距離，保持相互的尊重，這樣百分之八十的問題都可
以解決。

和諧家庭

婚姻何去何從，繼續or分開？

　　家庭的矛盾，其實最複雜，因為公說公有理，婆說婆有理，是非曲直難以明斷；我提供一個處理家庭問題的方法：當事人自己，冷靜思考一下，千萬不要在氣頭上思考，而是等氣消了，理性客觀地，自己一個人做一個評斷：你與此人在一起生活，幸福程度占據百分比的多少？只要超過百分之八十，那麼這段婚姻就是完美的，你就不要再吹毛求疵，雞蛋裡挑骨頭了；要是不滿百分之八十，只有百分之六七十，那麼，你換一個人過生活，也基本上可以達到這個心理預期值，那麼，婚姻就是一個，可有可無的湊合狀態，結婚與單身的差別不是很大。

　　如果，幸福程度少於百分之六十，那麼，儘早分開，不要讓生命浪費在無休止的痛苦之中，傷害自己也傷害對方。

愛是唯一不變的答案，永恆的終極答案

冷靜地作出分析後，自己就有了，決斷未來生活的方向：要麼繼續過日子，要麼，貌合神離湊合過日子，要麼決定分開。

　　第一種，你們二人的幸福程度，能夠達到百分之八十以上，那麼你的家庭，就已經超過了地球上百分之九十多的家庭，你還有什麼可以抱怨的？有什麼事情是值得爭吵的？既然你決定與此人共度一生，吵完後還得繼續過日子，那麼吵架的目的何在？

　　家庭是講愛的地方，不是講道理的地方，既然你們愛著彼此，寬恕對方的無理，又有何不可哪？

　　第二種，貌合神離，各過各的，更不應該吵架，因為彼此之間，是熟悉的陌生人，陌生人之間，需要的是尊重與邊界感，相互尊重相互理解，和平相處，就好像街頭遇到不講理的流氓，忍一時風平浪靜，退一步海闊天空，彼此相安無事，犯不上為了一點小事就吵架，你尚且不會與一個街頭流

氓講道理，試圖說服對方聽從你的意見，又何必爲難與自己同一個屋檐下的親人哪？

第三種情況，更不應該吵架，都決定離婚了，以後的生活中，不再有彼此的身影，就好合好散，拿出你自己修行者的素質，去寬恕對方，原諒對方，善待對方，最後客客氣氣，有禮貌地與對方訣別，大家從此開始新的人生，何必要兵戎相見，非要打得頭破血流，以傷害對方爲目的，結束這段姻緣。

要知道，現在你所咬牙切齒的人，是你曾經，熱淚盈眶，海誓山盟，信誓旦旦，非嫁不可的人，十年曾經愛過的人，她/他，代表著你曾經的愛情，你逝去的青春，你原本的幻想，你曾經的期許與寄託。

傷害此刻的「他/她」，就，等同於背叛了你曾經的生命，何苦哪？

愛是唯一不變的答案，永恆的終極答案

寬恕心中仇恨的對方，寬恕被仇恨監禁在內心的你自己，釋放對方，給自己一個自由的未來，爲曾經的愛人，送上祝福，送上祈禱。

　　讓信仰的光明，照耀自己的靈魂。
　　讓聖主的溫暖，伴隨自己的生命。

　　不要與愛人吵架，不要通過傷害別人的方式，去滿足內心的孤單與恐懼。

　　你是被神佛愛著的靈魂。
　　只應該將愛推恩給世界。

被兒女需要，父母就會永遠年輕

　　學生：我非常非常非常愛我的媽媽，愛到極致。但是我好像對我媽懟的次數也是最多的，而且越來越挑她的毛病。我總是對我媽說教，因爲她這輩子太省錢了，總是不捨得爲自己花一分一毫，但是對我卻是那麼地豪橫，恨不得把全世界都給我，而我卻無心去要她的全世界。我也想把全世界最好的一切都給我媽，所以我們之間的衝突由此而生。現在也只有她能讓我生氣，因爲我太在乎她了，因爲我太心痛她了，我總是想把最好的一切留給她，而她卻拒絕我給予她的一切，她卻要把她的一切都要給我。說白了，她就是心痛我爲她花的每一分錢。對自己，她在金錢上太會斤斤計較了，而給我買我愛吃的東西，多貴她都捨得買，眼睛都不帶眨一下。（節選）

　　老師：不要試圖去改變老人的生活習性，習性觀念的改變，對於老人而言是一種痛苦；我雖出身高幹家庭，可

是父母的工資要資助爺爺與外公的家庭，所以從小生活並不富裕，前半生養成的生活習性，導致今日的我，依舊非常節儉，現在身上穿的外套還是20年前的，這種節儉的感受對於我而言反而是很安心的體驗。

也不要拒絕老人對你的愛，他們給予你的付出，是他們索取愛的回報的一種方式，給予自己所愛之人幸福，是賜予愛的人最大的回饋。

因此在國內時，我一回家就從獨立的男人變成了公子哥，飯來張口，衣來伸手，從不幹活，就是一味地索取父母的愛，因為我看得到他們心思深處的動機。

父母對子女控制習慣了，他們習慣於強加自己的愛在孩子身上，為了讓父母高興，就扮演他們心目中需要被他們寵愛的孩子，永遠依賴他們的孩子。

　　這樣，父母就有了，被孩子依賴，被孩子需要的「價值體驗」。

　　尤其是老年人，這一點心靈上的「價值體驗」，對於人格人性的情感體驗，極其重要！

　　因為被兒女需要，父母就會永遠年輕。

愛是唯一不變的答案，永恆的終極答案

48

老闆娘的家庭從兇吵到和樂

　　原本我做生意，利潤可觀，突然就做不下去了，沒有一分錢的收入了。然後，孩子病了，哮喘，心臟早搏。後來我也病了，幾年來，我一年四季都不敢出門，大夏天也不能開窗，一絲風都讓我頭痛如刀割，同時伴有嚴重的腹瀉，我當時暴瘦，已經瘦到皮包骨的程度，還有重度抑鬱症和失眠症等，可以說全身都是病。後來到了危重的程度，中西醫都束手無策，只能眼睜睜看著病情越來越嚴重。生病以後，我極度恐懼，每個症狀都往癌症上面想，天天查手機，越查越害怕，卻停不下來，把自己嚇得整晚失眠流淚。最最痛苦的卻是，竟然全家沒有一個人理解我，反倒不停指責我、攻擊我。

　　我活不下去了，我要死了。極度虛弱的我，用盡全力，歇斯底里地嚎啕大哭，在路邊哭，在被子裡哭，蹲在地上

哭，坐在地上哭。在我最絕望最無助的時候，我遇見了真理。我就像抓著一根救命稻草一樣，開始抄《夢》，抄《生死河》[2]，抄所有文字資料，讀《懺悔文》，背《夢》。最初因為身體極度虛弱，半小時都抄不了。慢慢加量，最多一天抄法10小時，還有一天背《夢》80遍。在沒學法之前，我跟家人吵架好幾年，內心的怒火和委屈沒有一秒鐘停止過。跟老公吵架，我們互相摔椅子。我脾氣暴躁，天天把孩子吼哭。我一直看不起老公只有初中文憑。結婚的時候，老公的親戚說：「嫁給**是你的福氣啊。」我嘴巴應著，但內心十分鄙夷，因為我從小的學習成績很好。

但是學法以後，讓我看清文化再高也是等死的鬼。我不再羨慕人世間的一切。我只渴望自己的出離心和虔誠心能達到極致，只渴望生生世世跟隨上師修行，隨上師回家。

2　《生死河》這本書是修行者實證佛法的具體道路，是修行者脫離身心意識，甦醒妙覺自性，完整的實證過程。記錄修行者從凡夫境界，修行到解脫「自我」體驗；無生證入心靈法界，慈悲還原究竟真理，體證涅槃莊嚴的經歷。

學法前，如果家人說一句「垃圾也不倒」，我會馬上崩潰，哭著怒吼：我都病了這麼多年了，你永遠也不知道我身體病得多重，我不能出去吹風你不知道嗎？！家人一句話就能讓我哭得頭昏腦脹，頭痛欲裂。學法以後，我寬恕了內心的委屈。它畢竟不是我。我理解它，寬恕它。寬恕以後，我感覺好像什麼事都沒有發生過。原來痛苦不是實有的。我體會到了，「敵人」並不在外界。我要寬恕的也不是他人，我要寬恕的僅僅是渴望被認可、被理解，把自己的觀點強加給別人的我自己。

　　於是，再次面對同樣的情況，我以很坦然又有點調皮的語氣回應：「對啊，我沒出去倒垃圾，我頭不舒服。」我敢於表達自己了，而且不帶怨言。奇妙的是，外界發火的家人也馬上變得平靜如水，不再因為我連垃圾也不倒而生氣了，就像沒有發生過一樣，反過來說我可愛。外界真的是內心的投射啊。

和諧家庭

寬恕是為了善解，依善解而有釋懷，依釋懷而從宿世的業力因緣中解脫。

　　真理的力量，使得我內心徹徹底底寬恕了家人，我的家庭早已經和睦了。原來這一切純粹是我個人的業障，跟家人沒有任何關係。從此以後，我殘留在內心的怨言蕩然無存。這就是真神的救贖！人類哪裡有寬恕的能力。

愛是唯一不變的答案，永恆的終極答案

與老公的親戚一起吃飯，我主動又真誠地說：「嫁給**是我的福氣，**非常有責任心，對父母孝順，對老婆孩子都很好，是真男人，是條漢子。」我內心對老公的鄙夷徹底沒有了，變成了真心地讚揚他。對婆婆也是，從以前的虛偽的口頭誇讚，到現在發自內心地敬佩。

　　我愛我的家人，但是，我已不再貪戀這份愛情與親情了。我渴望法，渴望出離輪迴。只有法能救贖我脫離輪迴。我的公公在半個月前發生意外，摔了一跤，沒來得及交代一句話就離世了。公公在世時把錢看得非常重，到頭卻是一場空。前兩天，一個很有錢的朋友，說好了要來我婆婆家，卻突發心臟病猝死，才40多歲。有錢又有何用？錢解決不了生死問題。

沒有學法之前的那個極度恐懼死亡的我，看著公公的遺體，我突然覺得死亡眞的不可怕，老人家是聽著《引導文》³走的，這已經結下緣分了，未來一定能夠繼續修行直到解脫。

　　可怕的不是死亡或是痛苦與災難，可怕的是，法放在面前卻不敢相信，不願意修行，那才是災難。

3　老師讀誦的《引導文》，是靈性天堂的接引光明。音頻中，蘊含着眞神的光芒與溫暖。雖然離世的靈魂，蘊含的習氣妄想有所不同。可是，構成靈魂的「五蘊六識」結構是一致的。靈性綻放的光芒，可以穿透靈魂。生命蘊含的安寧，可以救贖靈魂。

案例
冥頑不靈的他變得溫暖

我與老公認識三個月不到就結婚，我們兩人性格脾氣極為相沖，互相認為對方無可救藥，幾句話就能立馬吵起來。

舉個例子吧，前幾年我每年都想去普陀山，有一次賓館窗外望出去就是高高矗立的南海觀音聖像，房間內我們卻怒不可遏地吵架；還有一次我們就在海的對岸，卻硬生生地因為吵架沒去成。我覺得沒臉見菩薩像，我想菩薩也不願見這兩個低級愚蠢的人。

曾經，我們暴跳如雷地對罵，他把我的佛珠順著車窗直接扔到大街上。遇見真理前的兩三年，某一天，在推搡中，我跌倒在地，他高高地抬起腳，懸空在我胸口上方，雖然沒有落下來，但那極致的受辱感，讓我近乎窒息！我從未受過這樣的侮辱，那是泰山壓頂一樣的奇恥大辱！可是，我卻沒

和諧家庭

有一個地方可以傾訴和依靠。

不論怎樣調整，生活依然是雞飛狗跳。他寫保證書，我提出每週喝茶聊天，或共讀某一本書，制定吵架後的懲罰規則，我寫信與他溝通，明確告訴他，我情緒失控時最需要什麼……爲了孩子，那幾年我真是耗盡心血地想經營好這個家。可是無論怎樣溝通，哪怕挖空心思地想辦法，事實證明，想用世間法改變一個頑固的成年人，絕無可能。

2019年我終於等來了上師的法。如惡浪滔天的大海中，快要掙扎不動的人得到了救生圈；如沙漠中奄奄一息的人，看到了一汪清泉。

自此以後，每次我情緒不好，他只要讀一段老師的法，無論當時我多麼失控，都會立即安靜下來，而且是秒入安靜，就像被注射了一針鎮定劑似的，立竿見影。爲此，我們都感到很神奇。

愛是唯一不變的答案，永恆的終極答案

我希望他不要浪費時間站樁了，一起全心學法，他冒火吼我：「我就不學你這個，殺了我也不學！」於是，我讓他多來接我下班，一上車，我就播放老師的法。他一開始很排斥，但敢怒不敢言，後來慢慢可以接受了。某一年國慶節堵車，他竟然不急不躁地說：「沒事，挺好，堵車正好多聽聽法。」

　　實質性的轉變，是在疫情剛爆發的第一年。當時我因為途經湖北而被隔離，我一個人住一間全封閉無窗的房間，我有一點密閉恐懼症，整個樓層又全部是高危密接人群，我當時極度恐懼，每天靠抄法聽法支撐。我請求他：我很害怕，你和兒子能不能每天電話裡陪我一起讀《夢》？他答應了。隔離期有半個月，某一天，我突然感受到，電話裡他的聲音開始用心了，而不再是應付我。那一刻，我的眼淚「唰」地流下來。

　　從隔離酒店返家後，他說：「一開始我是陪你讀，然後讀著讀著突然覺得，真的挺好啊，要麼我把《夢》背下來

吧，我也開始抄《夢》吧！」我感受到了他言語背後的眞誠心，眼淚又止不住流下來。

我積極配合，把家裡最舒服、最亮堂的香樟木桌讓給他用，他眞的在幾個月內把《夢》背了下來。

不知不覺中，我們吵架開始減少，程度也越來越弱。有一次，我學法時，他默默在我面前放了一杯茶，那一刻我感受到他傳遞出來的溫和、溫暖和認可，這與以前那個急躁衝動、冥頑不化的他，簡直是兩個人。

一次他教孩子鋼琴，在他的吼聲、琴鍵的重重敲擊聲、孩子的哭聲中，我心驚膽戰，如坐針氈，但忍住沒有走過去干涉、衝突。我緊緊地盯著我那緊縮的心，依靠著上師，寬恕她，安撫她，向她懺悔。我對她說，我背《夢》一遍，祈求背《夢》回向給她，希望能溫暖她。開始背《夢》，她似乎感應到了我的誠意，眼淚就像擰開的水龍頭，一直嘩嘩流出來，但同時，有一種釋放的輕鬆感。

寬恕，不是強迫自己去「愛」。

而是，寬恕了那些「無法寬恕」的自己，剩下的就只是「愛」了。

　　之後的某次，我因為母親而感受到強烈的委屈和憤怒，無力懺悔，無法寬恕，只能癱坐在地上哭。他竟然說，他開始理解我在父母關係中的痛苦了，還安慰我不要放棄，且鼓勵我說，我已經比以前好很多了。

和諧家庭

他以前不會感受美好，也不會體諒別人，過去無論怎樣對他好，都無法打開他的心扉。如今老師的法雨甘露，喚醒了他的心，喚醒了他的感受力，他開始敞開心扉，他的心柔軟了好多。

有時候，他跟我爭吵幾分鐘，就像變了個人，不再那樣面目可憎了，還會平靜地安慰我，說理解我正在受苦，父母和姐姐都不理解，但他能理解我。他說他很佩服我，給我大大點讚，他還會懺悔自己發脾氣，他學《夢》後真的有了很大進步。

在丈夫身上，在我的父母和家人身上，我看到了真理佛法一點一點喚醒眾生的愛；同時，懺悔在與老公相處中，我的暴虐、控制、憤恨、鄙視，我願一一改正。

愛是唯一不變的答案，永恆的終極答案

不要去理解愛，要去感受愛。愛可以救贖你，愛可以融化你過去未來的
一切前因後果，愛可以將你今生所虧欠的福報彌補過來。

和諧家庭

從虛榮驕縱，到無私感恩

　　我從小生活不算大富大貴，但父母很寵愛，整日琴棋書畫，儼然一個文藝女青年。加上工作是在貴族學校當國學和語文老師，學生和家長都會敬上幾分，導致我心思細膩，情緒敏感，虛榮清高，總認為自己是對的。

　　而他呢，憨厚老實，不善言辭，不記事。可想而知，他絲毫不在乎我的那些細膩、浪漫、敏感的小細節，這給「小我」帶來多少衝擊。委婉表達想法，他不明白，也不記得；太直接表達，好面子、清高的習氣，又讓我不願意主動開口，總希望他能猜出我的心思。

　　比如，有一次我想讓他給我買禮物，於是我先給他和家人買，然後再側面提醒他。結果，他沒懂，我很鬱悶。他感覺到我的不開心，層層追問，才知道我希望收到他的禮物。

愛是唯一不變的答案，永恆的終極答案

學法後才明白，一切對境都是來喚醒心中屬於天堂的特質的。對境可能引起很多心，但大部分都是恐懼、索取、自我維護，老師教我們真正能消融恐懼的是愛——愛自己，也愛他人。

如果有了猜忌，你把內心的這個懷疑呀，嫌隙呀，包括內心的這種情愫啊，把他表達出來，可能對方並不是你想像當中的，你誤會當中的那種心態，叫「說破無毒」。

　　以前我特別喜歡隱藏和包裝，太想把好的一面表現出來，常常心口不一，讓自己很累。隨著修學老師的教法，慢慢地敞開了心扉。「說破無毒」，在真實、不傷人的情況

下，坦蕩表達自己的想法和需求，允許一切發生，釋放自己的心靈，不道德綁架自己，因為天堂不看這些的。

談戀愛時，我在珠海，他在天津，我們大部分時間只能電話交流。後來，我要離開珠海，我的親戚朋友和校領導紛紛找上來，叮囑我的都是「不能為了別人放棄工作，不能一味付出」的觀念，我雖置之一笑，但心裡恐懼卻被翻了起來。一想到沒錢沒好房子住，沒了好工作，沒了爸媽在身邊，沒了熟悉的朋友和溫暖的環境，也沒了工資去養生，去買珠寶、衣服、美食……卽使知道都是夢裡幻事，恐懼也如潮水噴湧而來，直到結婚，這樣的大恐懼來來去去四五次。

我列出條目，逐個擊破恐懼的外界原因，感受丈夫和公婆對我的愛和呵護；再用信仰的力量，溫暖寬恕恐懼，在一次次地和恐懼分離、溝通、溫暖、寬恕下，在一次次的「我愛你，寬恕你，祝福你」中，終於她如煙雲散去，心靈舒坦了，能消融恐懼的只有愛。

愛是唯一不變的答案，永恆的終極答案

他給我的未必是我想要的，但是卻是他能給的全部，他願意去付出，照顧、承擔我的未來，那我就要記著這份恩情，學會理解和包容。正如老師說：「一個男人會如此愛你，願意去負擔你的一生，這個人就是你恩同父母的人。」

在大量學法下，法的光明和他的溫度，溫暖了我在感情上一直冰冷的心，我也逐步學會向他表達愛，慢慢地學會了愛自己、愛對方，學會接納了他的全部，從而愛他的家人，愛自己身邊的人。我們兩人經常互相表達：我感恩你，我愛你……我會回饋他帶給我的溫暖，他的心靈越修越無私，這也是我要學習的地方。

婚後我奔赴天津。婚姻裡瑣碎小事很多。比如，以前三餐在學校吃，或父母做，或點外賣，現在卻要自己做；我大學才學會洗衣服，現在卻要分擔一半家務；以前時不時逛街、畫畫、做手工、穿珠玉、設計改裝衣服、養生、寫詩文，這些習慣現在整個被打亂，身邊除了丈夫和家人誰也不認識，出門還迷路……小我欲哭無淚，仰天長嘯。但沒事，

大我有信仰就有光明！

2022年後，在老師的慈悲臨在中，很多時候一句「寬恕你，我愛你，祝福你」就很有力量，然後挖掘出背後的記憶和恐懼索取等，寬恕這些動機，體驗消融得比以前更快了。寬恕後，常常升起淡淡的感恩與柔軟，特別溫暖。

有的時候，對境來了，也不思維了，就直接學法。聽著聽著，腦子和心暫時和解了；讀著讀著，那些思想團團眼看著就融了，好舒服；抄著抄著，脊椎中散出淡淡安寧與輕柔，心靈清靈靈的，寂靜處，每一劃都是愛，每一筆好似光，融化著凝固的自己，增強著信仰的生命，真美好呀！有的時候，只仰望天堂，只看神的愛，習氣體驗就自然而然地自行消融了。

如果沒有老師的教法，我一定是一個虛榮自私，貪財愛美，愛花錢，把身體看得無比重要，把人性獲得當作標準的輪迴鬼魅。現在經常整天都開開心心的，念著《夢》做菜，

看著機器人掃地拖地，聽著老師的聲音消融習氣。其實，婚姻可以很幸福嘛。

　　老師說，你們都是學習真理的靈魂，都知道去踐行寬恕，都知道去愛自己、愛別人，所以這樣的家庭一定會幸福的。

愛永遠都是付出的，不是索取的

和諧家庭

抑鬱症

抑鬱症成因

　　抑鬱症根本的原因有三個，有三條。第一條，是不被理解。就是「我的心思你不能理解，沒有一個可以理解我的人，我沒有一個可以傾訴的對象」。就是人的內心的孤獨感、無助感、迷茫感，還有這種迷失自我的這種困惑感，它是無法去傾訴的。無法去傾訴它就會累積，累積時間長了，它就會形成人格。

　　人格呢，因爲他是誕生在這種迷茫無助的、孤單困惑的這麼一種狀態當中形成的人格，那麼在這個人格上看世界的角度就會有負面的。這是第一點，內心不被人理解，沒有一個有效的溝通渠道，這是造成抑鬱症的第一個原因。

　　第二個原因，是缺乏意義感。「我活著沒有意義」，缺乏意義感。

抑鬱症可不是只有窮人才會得啊，恰恰相反，窮人不容易得抑鬱症。因為窮人忙於生計，疲於奔命，他沒有充沛的精力和閒暇的時間讓他去抑鬱。他今天抑鬱了，今天就沒吃的；明天抑鬱了，可能就要餓死了。那麼在餓死的這個結果和抑鬱這個心理狀態當中的話，我相信他一定會選擇不被餓死。

所以說窮人反倒不太容易得抑鬱症，抑鬱是需要時間的，是需要時間和空間沉澱的。窮人很難得抑鬱症，得抑鬱症的一般往往都是有錢有閒的人。

第三個，就是這個人的心靈缺乏愛。不僅僅是別人愛你的感受，更重要的是這個人缺乏了去愛別人、愛世界的能力，這一點至關重要。

抑鬱症就這三個條件：第一個，不被理解；第二個，沒有意義；第三個，缺乏愛。

一切生命未曾離開過愛，一切靈魂都歸屬於愛，愛未曾遺忘一人。

愛是唯一不變的答案，永恆的終極答案

成因一：不被理解

什麼叫「不被理解」？人類啊，人類所謂的互相理解，一定是理解人格。我理解你，你是一個什麼樣的人，你喜歡什麼，不喜歡什麼。你內心裡面有什麼樣的困惑，你準備做什麼，希望達到什麼樣的目的，你如何去做。在過程當中，我如何能夠有效地幫助到你。人們所認為的理解，一定是建立在人格需求之上的理解。你今天不開心了，什麼原因啊，對吧？你告訴我原因，我才能幫助你啊。

那麼這種理解，它實際上是很難觸及到抑鬱症患者的根本的心理訴求的。因為抑鬱症患者他之所以抑鬱，之所以不被人理解，就是因為他渴望被人理解的那部分東西，是人格和意識、人間的道德價值難以觸及到的那種深層的心理的情愫。

那個東西他自己都很難去把它說出來，因為沒有任何具體理由，你知道嗎？沒有任何具體的原因，沒有任何具體的理由，沒有任何具體的事情，沒有任何具體的表現。這是抑鬱症患者一個共同的心理的基底，他的心靈底色就是一種想要傾訴，想要理解，但是自己卻沒有辦法將內心的渴望訴諸於具體語言的這麼一種狀態。

人家把抑鬱症稱為「心靈感冒」。感冒它可能會有原因，但是感冒的狀態你很難用語言去把它描述出來。你可以說「發冷發熱，渾身打哆嗦，渾身不舒服」，你的這個「不舒服」它是概念，但是對方體驗的不舒服他就是感受啊。那個感受它不可能僅僅是「不舒服」這三個字就可以囊括的。

所以抑鬱症患者的心靈底色，心靈基底，因為它是難以通過語言訴說出來的心理的一種情愫和一種情緒，他們把它稱為「精神感冒」，或者是「心理感冒」「心理疾病」。

這種疾病它是一種真實的狀態，這種狀態它不可能或者

說很難以概念和主觀願望的動機去將它凝固抽象，並且把它提煉出來，訴說出來。這就是抑鬱症患者不被人理解。

但是他跟別人正常溝通的時候，別人覺得他很正常，為什麼呢？正常溝通的內容一定是建立在心靈動機和意識相續之間的。「你吃飯了沒有？」「我吃過了。」「今天有工作，做得怎麼樣？」「我完成了。」「今天發了多少錢啊？」「發了六千五。」OK，這都是你心靈的認知和意識的分別可以觸及到的概念，和概念能夠連帶到的一個人格的一個心理情緒的狀態。你可以通過語言和意識把它描述出來，表達出來。

但是在抑鬱症患者心中還有另外一個自己，是藏在黑暗的角落當中的。他那個自己就很難用主觀意識動機和意識分別的概念去觸及他，去描述他。他會無緣無故地陷入一種遠離人間的孤島上的，你看到這個人在人群當中坐著、站著、笑著、說話著，可是他的內心卻是被遠遠地隔離在遠離人煙的孤島上面。

他看起來跟人群挨得很近，只有幾米的距離，但是他的內心卻跟這個世界離得很遠，似乎這個世界沒有辦法觸及到他，他也永遠沒有力量去融入到人群當中去。這個就是人的一種內心的不被理解，而且他自己也沒有辦法去將他的這種狀態訴說出來的一種困惑。

抑鬱症是一種非常可怕的「心理疾病」。它已經超出了「精神疾病」的範疇了，它是一種「心理疾病」。而心理這個層面，我們所說的精神就是我們的意識、我們的人格意志，這個就是我們所謂的精神。意識和人格意志就是我的主觀願望、我的心靈感受、我的人格情志，這個都屬於精神體系。

而精神體系和我們的意識思維處在心靈層面的表層，是我們心靈境界的表層。在我們心靈境界的表層以下，還有心靈境界的中層，甚至於深層。

那麼，抑鬱症患者的心靈，他的表層是健康的，跟正常人一模一樣。但是表層之下，支持表層的人格意願和心理訴求的那些情感體驗的因素，發生了變異。這種變異直接就會導致他沒有辦法跟這個社會交融，沒有辦法跟其他人交流。

　　他所能交流的僅僅是人類生命境界能夠交流的部分：我的情感、意願、動機，我的意識、思維、概念，我的主觀意識意願。這是可以交流的，但是超出於主觀意識意願的，內在的心靈的深層自我體驗，卻是他的人格意願很難提煉出來的東西。

　　那個東西就好像是，我給你們舉個例子，你們能明白。就好像是你的身體裡面有了炎症了，它是一種病毒、細菌，炎症嘛。可是炎症的表現卻有多種多樣的，口腔發炎了，眼角膜發炎了，淋巴腫大了，然後是身體什麼地方風濕了，什麼地方局部腫痛了。炎症表現有很多種，千百種，但是炎症的原因只有一個，什麼呢？就是你的自身免疫力降低了。

那麼抑鬱症患者心靈的基底，心靈的底色，就是他心靈的免疫力降低了，而被那些構成人格人性的微觀的情愫、負面的情愫給制約住了。

這是第一條，不被理解，而且也沒有辦法被人理解。他沒有辦法訴說出來，別人怎麼能理解呢？因為這種理解必須得是超出於人類生命境界之上的，才可能穿透人格人性的這層屏障，看到構成人格人性的因素的根本的真實的狀態，你才可能去將他從煉獄當中救贖超度出來。

他被人理解了，他才能夠去將自己內心的這種情愫訴說出來。他如果遇到一個不理解的人，比如說跟他最信任的父母說「我最近覺得活得沒有意思呀，我最近覺得就生活很空虛很無聊啊，我幹什麼沒有興趣呀，我覺得自己沒有辦法融入到這個世界，沒有辦法融入到學校，沒有辦法跟朋友交流自己的內心狀態」。父母的概念就是什麼呢？「無病呻吟啊，你這屬於無病呻吟的狀態，找打。把你餓上三天，你什麼都好了。」給朋友去訴說的話，朋友就說是「你這閒著沒

事了，咱們去喝頓酒，吃一次燒烤就什麼事都沒有了，如果還不能解決的話，吃兩次。」

人們只能解決你能表達出來的東西，你知道吧？人們沒有辦法解決你無法表達出來的那個內心極深層次的情愫構成的那種心靈的體驗。

第一階段構成抑鬱症患者心靈基底的，就是心靈情愫當中負面的這種感受和感知力。因為它是負面的，所以說它在負面的這種內心情愫和感受當中形成的人格表現就變成了消極的、負面的，甚至於對這個社會是抗拒的。

這是抑鬱症患者的第一條因素——不被理解。而且他自己也沒有辦法將自己的困惑表達出來，因為情愫是沒有辦法被意識所提煉的。意識只能提煉出來體驗——「我體驗到酸了，體驗到疼了，體驗到累了。」意識只能提煉體驗，意識不能提煉情愫，你知道嗎？

我來理解你，我來給你承擔

就是當我感受到，莫名其妙地感受到這個世界對於我失去了吸引力，我對這個世界沒有任何興趣的時候，意識只能知道發生的這種狀態，但是他沒有辦法把它提煉出來——「為什麼？什麼樣的原因形成的？」意識是沒有辦法觸及到

愛是唯一不變的答案，永恆的終極答案

情愫深處的那個因素的。意識只能提取體驗，他沒有辦法去提取心靈感受深層情愫的那個原因的。

所以意識對於抑鬱症患者的「不被理解」和遠離世界的孤獨感，是沒有辦法去幫助他，沒有辦法觸及他，沒有辦法緩解他，也沒有辦法給予他安慰的。所以抑鬱症患者往往到後來的話都需要藥物治療，為什麼呢？心理輔導師對你沒有辦法。

因為語言啊，人類的語言一定是意識和心靈動機的表現，而意識和心靈動機是沒有辦法觸及到心靈動機深層的，心靈動機背後的那個構成心靈動機的情愫的因素的。

所以說心理輔導能起一定的作用，能在當下緩解一部分，但是它不可能除根的，不可能除根。所以到了後來的話，抑鬱症患者都要服用大量的藥物，抗抑鬱的藥物，試圖通過改變人體內在的化學元素的這種成分，從而改變精神領域的狀態。這種對於這個肌體的損壞是非常強烈的。

抑鬱症

成因二：活著沒有意義

　　抑鬱症患者的第二個狀態是什麼呢？缺乏意義，「我活著沒有意義」。這個就是基於第一種，就說是沒有辦法被人理解的，而且自己也沒有辦法去描述這種不被理解的狀態的，形成了一種內心與世隔絕的孤寂和無助感的延續。它投射在人世間的人格意識上面，就是覺得「我自己活著沒有意義」。不是沒有價值啊，沒有意義。

　　沒有意義，你們明白這個概念嗎？就是我做什麼都是無足輕重的，我做什麼，這件事情本身是可有可無的。無論我做好事還是壞事，這個世界對於我沒有任何的看重。就是我所做的一切和我所存在的一切，對於這個世界來說是像視如空氣一樣。就說我的存在本身是沒有意義的，是無足輕重的，是被人忽視的，是被這個世界遺忘的。實際上這就是內心的那個不被理解的這種孤寂感，通過人格意識投射在人間的一種表現。

愛是唯一不變的答案，永恆的終極答案

但是我今天跟你們說句話啊，抑鬱症患者覺得他自己不被理解，覺得他自己活得毫無價值、沒有任何意義，這件事情從究竟的生命實相來說的話，它是「真的」。他說的「我覺得我自己活得沒有意義」，這件事情是真實的，這個不是他主觀想法啊。

因為我是修行的人，修行的人他是橫跨神人兩界的生命。那麼站在這個修行成就的高度來看人間，人間活著的每一個人都沒有意義。因為意義這個東西，它一定是相對比而形成的價值。

你們明白嗎？平常的話我沒有工作，然後我在那個馬路邊看螞蟻，在那跑來跑去的。然後別人會說這個人每天生活毫無意義，為什麼呢？這個意義是通過別人創造價值而比較出來的。

但是如果這個人知道我的身分，是一個研究螞蟻的世界頂級科學家，那麼我去每天閒著沒事幹，趴在地上看螞蟻這

件事情，就有了重大的意義。你知道嗎？「意義」這個概念一定是通過比較而來的，通過比較而形成了所謂的意義和價值。

這個抑鬱症患者認爲他自己活得沒有意義啊，還不是通過跟別人比較而來，而是他內心的這種負面的生命情愫，投射在人格、心靈、意識之上的一種具體表達，一種具體狀態。

但是這種狀況在我來看的話，我認爲是對的。我認爲抑鬱症患者認爲「自己活得沒有價值，沒有意義」這件事情是對的。爲什麼呢？因爲每一個生命的靈魂，每一個啊，我說的是每一個人間生命的根本的實相，都是天堂。那個才是意義，那個才是價值。

你不會孤單
你與愛同在
我們愛你，讚美你，擁抱你

　　因為人先天的靈魂啊，他是無盡的幸福，無盡的光明，
無盡的富足和無限的喜悅。他是不會變易，不會改變的。他
不與世界相對，而就不會被任何相對的事情所分別。這句話

抑鬱症

人類很難去理解，就好像是你的眼睛看到世界的那個清澈，他不會因為你看到的世界的景象的變化，而改變了這種清澈的性質。

地上每一個靈魂都是因為遺忘了生命先天靈性永恆的完整幸福，而成為了現在的人格自我。你的人格自我在人格的自我體驗當中，忘記了自己先天永恆不滅的幸福和莊嚴偉大的光明。人往往會錯愕，人往往會困惑：我為什麼到這個地方來，我活著的意義是什麼？我突然間感覺到自己人生的存在沒有任何意義和價值。這種感覺是對的，只是沒有人指導你它為什麼是對的。

站在人世間這個層面，都認為你吃飽了撐的。站在我的角度，我認為這是你覺醒的契機，否則釋迦牟尼佛就不會出家了。

抑鬱症患者就是：第一個，內在不被人理解；第二個，覺得自己活得沒有意義，人生沒有價值。這兩者恰恰是升起

來渴望見證自身本來面目的那個基礎——對於人間的厭離心，對於人生的出離心，對於眞理虔誠的追尋心。

我認爲抑鬱症患者，他這種心理疾病，對於一個靈魂來說，恰恰是他靈魂覺醒的一個絕佳的契機。因爲你眞的不是這具身體。

我覺得特別可惜，你知道麼，我覺得去世的這一位女星特別可惜，我是可以救她的。她如果要是，眞的要是能再等一等，等人將我的錄音，將書籍送給她。她能夠認認眞眞地聽，大概她不需要很長時間，需要兩三個月、三四個月，她的這些陷入絕症的，無力自拔的，只能躲在陰暗角落默默等死的那個屛弱的靈魂就會見到光明。

當靈魂見到了天堂的光明，她就會甦醒對於天堂的生命的記憶。當天堂的記憶開始復甦了之後，人間的這個自我就失去了存在的價值了。

抑鬱症

87

剛開始你在抑鬱症的時候，你是認爲這個自我沒有價值。而當你自己的生命開始甦醒了之後，你會發現這個沒有價值的自我眞的沒有價值了。因爲你眞正的「你」是不可能被價值所衡量的，祂是無限的，祂是永恆的，祂是光明的，祂是幸福的，祂是不會被任何生滅來去的心意和形體所改變的，祂是不死的。

　　這就是修行的人爲什麼可以轉抑鬱的這種心態成爲成道資糧的根本的原因。因爲我認爲抑鬱症，在人世間患抑鬱症的人是一個非常難得的生命覺醒的契機。換句話說，我認爲人世間所活著的一切靈魂，都是處在這種死亡的迷茫黑暗當中，只是你自己不知道而已。

　　我眞的不知道人間有何意義。你看啊，意義它一定是相對而產生的。假如說你的生命能活十萬年，在地球上現在科技發達了，十萬年，你今天做的一切都有價值，都有意義，每一步都有意義。爲什麼呢？因爲你的生命，十萬年的生命，未來九萬九千九百多少年，未來還有這麼長時間，每

一段時間都有可能翻身的。你十萬年的壽數足夠你幹很多事情的。你現在擁有的一切的財富、努力、工作、學歷，都變成了你十萬年生命當中的資本。你可以無限地擴大，無限地增長，你可以創造無限種人生，你可以體驗無限種人生的不同的這種心理和情感、肉體的狀態。這個還勉強能算得上意義。

十萬年的人生，雖然你體會到的痛苦永遠大於幸福，但是它畢竟有一個能讓你體驗痛苦和幸福的足夠長的空間存在吧？可是你的壽命，人間的壽數，撐死也就一百年到頭了。那我就實在是不知道一個八九十年、七八十年的那個壽數，你現在所謂的這一切，在很快，在轉瞬之間，轉眼之間，就會陷入分崩離析的死亡狀態的這個所謂的事業，對於你的靈魂究竟有何意義。

就像是孩子在那個沙灘上堆的城堡一樣，你把它當成玩具是可以的。你花四個小時堆了一個沙灘城堡，一會兒漲潮了，這個城堡就被沖掉了。你把它當成遊戲是可以的，玩

嘛，對吧？但是你要是把它當成住家，那就完蛋了。你要是想在沙灘上蓋一個城堡住進去，把你的老婆孩子都帶進來，那你就純屬是有病了。

沙灘上是沒法蓋房子的。所以說在人間去追求所謂的事業成功啊，家庭幸福啊，幸福安樂啊，和那個沙灘上的城堡性質是一模一樣的——轉瞬即逝。

沙灘城堡的壽命可能是四個小時，你的人生也就是七八十年，轉瞬即逝。可是你的靈魂不會死啊，那個蓋城堡的孩子，城堡摧毀了之後，他可以回家找他媽洗洗睡覺了。你呢，你這七八十年的人間的城堡/沙堡，被死亡的海水淹沒了之後，你能去哪裡？

所以說我認為那些抑鬱症患者覺得人世間沒有價值，沒有意義，這件事情是對的。因為這本身就是生命的實相。但是他們只是缺了一樣東西，他們不知道什麼是真的，他們只知道現在活著的這一切是假的，但是他們不知道什麼是真

的。也就是說，當海水把沙灘上的城堡摧毀了之後，那個孩子不知道家在什麼地方，那他就很悽慘了。

當死亡來臨，帶走你今生的身體、財富、情感、容顏，帶走你的幸福和一切對於自我的體驗了之後，你的靈魂將要去哪裡？這是你不知道的事情，所以你就會陷入恐慌當中。

第二個抑鬱症患者的狀態就是活著沒有意義。那是因為他不知道什麼是真正的意義。真正的意義對於生命來講，就是回歸天堂。因為天堂比人間要真實，人間剎那不停變化著。

你的這具身體剎那不停地在走向死亡，八九十年之後，你就是地上的一具枯骨，或者說那個焚化爐裡面的一捧骨灰。你現在的房子車子，妻子孩子，你的情人，你的銀行存款，和那堆骨灰一點關係都沒有。所以說現在的一切也和你一點關係都沒有，因為你註定是那一捧骨灰。

這是我告訴了你人世間沒有價值，沒有意義，但是沒有人告訴你人間的價值在哪裡。人間的價值就是藉助你有身體、有意識、有心靈體驗的這個階段，聽聞真理，甦醒你生命當中被你的人格意識和心靈的心識掩蓋了億萬年的那個靈性的天堂，那個才是生命永恆不滅的，真實不變易的，永遠幸福的實相。這才是人世間每一個靈魂應該覺醒的價值和意義，那就是回歸天堂。在活著的時候，就讓自己天堂的生命從身心自我當中甦醒過來，這是你活著的唯一的意義。

　　當天堂在你生命當中甦醒的時候，你內心的內在的那種負面的，難以描述、難以提起、難以敘述、難以理解的那些情愫感受和心靈深層次的自我體驗就會蕩然無存。因為那都是生命累積的業力，這都是生命在生死輪迴當中對黑暗的記憶。它掩蓋了你的心靈對於光明的天堂的記憶。那麼光明沒有了，那就只剩下黑暗了。那麼黑暗成為你的時候，你的抑鬱症就是不可救藥了。

反過來講，當天堂的光明透過你的心意，照進心靈體驗的時候，你心靈體驗深處構成體驗的那一些對於黑暗的記憶，就會被光明的天堂之光所驅散。當天堂之光驅散了情愫和生命的黑暗記憶的時候，你的抑鬱症就瞬間康復了。

　　我的這個教法當中對於抑鬱症的治療是百分之一百的效果，但是需要時間。有的人可能很短，兩三個月就能康復了。有些人患抑鬱症的時間很長了，長達幾年、十幾年，那麼他可能需要幾年的時間，一兩年的時間，三四年的時間才能康復。

　　但是有一個先決條件，就是我這個教法治療抑鬱症有一個先決條件：你們要相信神的存在。如果你是無神論，我救不了你。你必須得要有一個先決條件，就是對於這種生命……就是你要換另外一種角度去看生命。你不能以你現在現有的人類的科學技術去看生命，而要以覺悟者的角度，以理性思辨的角度去看待生命。

在我的心中，在我的眼中，在我的智慧中，生命是不會死亡的。因為實際上你現在就沒有活著，你現在的這個身體啊，你現在這個身體就是假的，就沒有真正活著的。

我們這個身體是由細胞構成的，細胞以下有蛋白質，有核酸，有DNA，往下還有什麼分子、原子，一直可以追查到夸克。夸克啊，在科學上面的話，就沒有辦法證明它的這個……就是現在還沒有科學技術探測到夸克這種微粒，科學家只是通過對物質觀察的這種表現，推測有一種宇宙微觀的基礎能量叫夸克。

夸克在五十萬分之一秒就生滅一次，就一秒鐘，它要生滅五十萬次，一秒鐘之間它是生滅五十萬次。也就是說你和我的身體，我們的這個心識，我們的這個感受，我們的內在體驗，我們人格自我的認知，我們的意識和記憶，在一秒鐘之內就經歷了五十萬次的生與死。

愛是唯一不變的答案，永恆的終極答案

94

是五十萬次剎那生滅的緊密的生死相續，表現出來了我們的細胞的運行，我們的思維的運行，我們情感的體驗，我們感受的相續。明白嗎？你和我都是剎那之間生滅相續的因緣，表現在人世間的一個狀態而已。就好像是用沙子構成的人，你去微觀當中觀察那個沙子裡面沒有任何一個人的形象，只是那個沙子形成了一個人的狀態。但是你把這個狀態去微觀下觀察，所謂的這個人的狀態根本不存在的。

　　那麼，對於抑鬱症患者來說的話，你對於這個世界的認知，就要以佛法的角度去認知，而不要以你站在人世間學到的這些觀念的角度去認知：覺得這個人就是父母生的，受精卵變成了胎兒，然後生下來，然後成長，然後死去。不要這麼認知。

　　要改變抑鬱症患者的一個基本的條件，就是要改變他的人生觀，讓他學會以智慧的角度去看待人生。因為人的心靈體驗是跟著認知走的。就好像天空當中的雲彩，是跟著風走的。

當一個人很渴的時候，他想喝水，你遞給他一杯水，告訴他「裡面有氰化鉀，喝了必死」，他雖然很渴他也不敢喝，知道吧？這就是認知決定體驗。如果你告訴他「這杯水雖然看起來很渾濁，但是裡面都是高營養的這個物質，很好喝」，雖然那杯水看起來很難喝，他也會把它喝進去，這個就是認知決定體驗。

愛是唯一不變的答案，永恆的終極答案

成因三：缺乏愛

　　第三個，就說是缺乏愛，就是抑鬱症患者的這個內在啊，缺乏愛自己和愛世界的能力。實際上被別人愛啊，對於個體生命來說的話，別人愛自己啊，你的體驗感受是很小的，很少。因為這個愛和被愛之間有一個付出，有一個受體嘛，對吧？就是接受愛的這一方，實際上對於愛的那種體驗，它並不深刻的。

　　因為愛一定是表現，明白嗎？愛一定有表現的，我說出來「I love you，我愛你，你是我的生命」，我天天抱著你，親吻你，我天天給你帶好吃的，我捨不得穿，捨不得喝，我將我最心愛的東西送給你，這都是愛的表現。

　　愛一定有表現吧？這種表現一旦形成了具體的語言、形態、行為，就已經大大減緩了愛的純度了。可是付出愛的那一方，對愛的體驗是非常強烈的，甚至是百分之百的。因為

付出愛的這一方的對愛的付出……一定一定啊，記住了愛的核心是什麼東西呢？是無私的，有私的不能稱爲愛，有私的那個是一種交換，情感交換。

我看到一個女人很漂亮，我一心想跟她滾床單，然後我給她買了很多禮物，天天送鮮花，我的目的是爲了睡她。你能說我的這種表現形式是愛嗎？那個叫慾望，你知道吧？

相反，你的孩子，從你肚子裡出來的孩子，你爲他做的一切絕對沒有索取，絕對不可能有索取。他大半夜蹬被子了，你就算再累再睏，你也要閉著眼睛，摸那個毯子把它蓋到他身上，那都是下意識、無意識的，那個叫愛，你知道嗎？

愛的核心一定是無私的，愛的核心一定是無求的。無私無求的付出，那個叫愛。正因爲是個無求無私的這種單純的付出，付出的一方對於愛的這種體驗會非常的深刻和強烈。

愛本身也是沒有辦法提煉的，就像抑鬱症患者內在不

被理解的孤獨感、黑暗感是沒有辦法被提煉的一樣，真正愛的那種力量也是沒有辦法被意識和語言提煉出來的。換句話說，只有愛可以抵禦抑鬱症患者內心那些負面的情愫。因為它們是同等空間的因素，都是意識和心識所無法觸及、無法提煉、沒有辦法去改變的心靈情愫的境界。

只有愛可以真正地救贖、改變、康復抑鬱症患者的心靈負面陰暗的孤寂感、不被理解感、疏遠感和沒有意義感，只有愛可以。

那麼這種愛，在人世間怎麼表現呢？兩種方法。第一個，被人所需要。

我跟你們講啊，我很少聽到有媽媽——帶著孩子的母親自殺的。有，有這樣的情況，但是很少見。為什麼呢？因為孩子需要你。因為你牽著的這個孩子，他需要你養活他，他的稚嫩的小手牽著你，牽著你的手，仰起頭叫你「媽媽」的時候，你身上是有責任的。

抑鬱症

哪怕你眞的說是去撿垃圾呢，我說個不好聽的話，當失足婦女了，我不認爲一個人爲了養自己的孩子，她做這些事情有多麼地可恥，我眞不這麼認爲。可能我這個人的人生觀和道德觀跟別人不太一樣。我喜歡眞實的東西，我特別討厭這種道德君子。

當一個人在內心的體驗當中。感覺到越來越多的別人的愛，別人的肯定，他就會變得很自信。
當一個人在心靈體驗當中感受到別人的寬恕、接納、溫暖，他會越來越安全。

愛是唯一不變的答案，永恆的終極答案

二戰的時候啊，二戰的時候有一個真實的事情。好像是德國兵攻占了波蘭，還是蘇聯，他們抓到了一個年輕的母親，那個母親還在……這個孩子可能剛幾個月大。然後那個母親為了她自己的這個孩子，不被這幫德國兵傷害，好像讓二十多個德國兵蹂躪，但是這個母親不反抗。最後結果好像這個母親，因為這件事情就活下來了。那些德國兵雖然是禽獸，但是他們還是把她的這個孩子和這個母親，讓他們活命了。

　　這要放在中國古代，那就完了，這個女子的貞潔被破壞了，應該死無葬身之地的。我認為這種觀念啊，這種觀念才叫禽獸不如，你知道嗎？他們連最基本的人性不尊重，就所謂的「存天理，滅人慾」。可是你們卻不知道「存天理，滅人慾」的這個「人」，卻跟他的兒媳婦苟合了，還讓兩個尼姑懷孕了。你們覺得可笑不可笑呢？

　　我們在人世間作為一個活著的人，我們遵紀守法是應該的。但是對基本的人性和人格的這種尊重，更應該。不要被

這種所謂的道德觀念而毀滅了做人最基本的良心和人格。

那個母親爲了自己的孩子不被殺害，情願被那些禽獸們踐踏。她爲了保護自己孩子的生命做出的一切，我認爲這個母親非常偉大，你知道吧？我認爲這個母親非常偉大！太厲害了，這才是母親啊！

我不相信這樣的母親，這種爲了孩子可以去承受這種非人淩辱的母親，她會患抑鬱症，絕無可能，爲什麼呢？因爲她內心的愛大過於對她自我存在的保護。一個愛別人超過愛自己的人是絕無可能患抑鬱症的。

你們記住我這是眞理。一個內心愛別人超過愛自己的人，這輩子與抑鬱症沒有緣分的。抑鬱症永遠不會找到你的，因爲愛是抑鬱的剋星，就像光是黑暗的剋星一樣。

抑鬱症患者要是不遇到眞理，僅僅是在人世間這種依靠人間的道德倫理和醫學手段去治療，僅僅能起到緩解的作

用，去不了根的。但是如果說他要是能聽法能學法，能在內心裡面體驗到什麼是真正的愛、無私的愛，他的抑鬱症可以不藥而癒。

　　我從來不相信一個內心裡面有愛的人，愛別人、愛社會、愛其他的人超過自己的人會得抑鬱症，絕無可能性，連0.001的可能性都沒有，絕無可能。一切患了抑鬱症的人，都是因為內心失去了愛的能力。

如何療癒抑鬱症

那麼解決方法有兩種。第一個，找到被人需要的價值和事情，被人需要。哪怕你去救助一下流浪貓、流浪狗呢。去救助啊，不是讓你去養，你養的話我估計你也養不起。因為流浪貓、流浪狗那個費用很龐大的。

既然你都不想活了麼，對吧？那麼你每天那些生活費你拿出來，每天比如說你這個買飯的錢三五十塊錢，你拿出來四十塊錢買份貓糧狗糧，去給那些流浪貓、流浪狗送過去。你都快死的人了，你怕什麼呢？你都不想活的人了，你為什麼不能拿出來你的錢，讓別的動物活得更好一點呢，對不對？你連這點肚量都沒有嗎？你都快死了欸，你都不想活了欸，你要那麼多錢幹嘛呀？去救助其他的生命，讓你的卑微的存在活得稍微有那麼一點點的光明。被別人所需要，是救助抑鬱症患者的其中一種方法。

愛是唯一不變的答案，永恆的終極答案

第二個，祈求神的賜福。爲什麼絕大部分科學家，絕大部分社會上有成就的人，到晚年，尤其到了60歲之後，都去信仰宗教了？因爲他們在人世間的豐富的經歷和閱歷，他們通過幾十年的思考和體驗，他們通過他們的觀察和反思，確定了人世間很多事情是沒有辦法通過人力完成而完成的，這就是神蹟。他們通過自身的經驗，生命的足夠長的時間的這種對比和反思，他們知道命運是存在的，那麼就一定有一個安排命運的人。所以他們就選擇了信仰上帝，或者選擇了信仰如來。

　　當一個人的內心對於神——是真正的神，真神，產生了信仰的時候，你內在被你的人格和心識的自我，所掩蓋了百千億萬劫的那個靈性的天堂，就會似曾相識般地，恍如隔世般地，在你生命深處甦醒過來，因爲天堂就是神的身體。

無論你是誰，無論身處何方，無論遭遇什麼，或者承受何種痛苦，重複記憶這句話：你所希望的，永遠都有可能發生。

　　當你的心意去信仰神的名相的時候，你內在的那種不由你控制的那種生命細胞當中的安寧感、純潔感，那種興奮感和喜悅感，就會不由而然地在你意識、體驗、情緒，包括每一個細胞的覺受當中甦醒過來。

愛是唯一不變的答案，永恆的終極答案

當你生命本具的天堂的光明，從你這具身體的細胞和意識，心靈的記憶當中甦醒過來的時候，你的抑鬱症的自我的這些情愫，那些對於生命黑暗的記憶，他們就會自動消散了。這是第二種方法，對於神的信仰可以驅散抑鬱症。

　　神是真實存在的，比人類的存在要真實，真實得多得多，因為神是不變易的。神是不改變的，神是永恆的，而且神是完整的。祂不存在一個我和世界的關係，而是一切世界和生命都在神之中，而神的完整和光明不會被世界和眾生的心識分別所割裂。只是眾生被自己的心靈和意識蒙蔽了生命當中蘊含的天堂之光，而成為了陷入抑鬱困惑當中的你自己。而你的本來面目就是永恆無盡的愛和光明，那就是天堂。

　　就是讓抑鬱症患者能夠去信仰天堂，告訴他們天堂比人間更真實，神比人類更真實，讓他甦醒起來他生命當中原本天堂的光明、永恆、幸福的那個境界，抑鬱症也能康復。

抑鬱症

抑鬱症是人的心識深處對於黑暗的記憶，形成了黑暗的屏障，而阻隔了心識和意識對於光明的記憶，他就會投射出來黑暗記憶當中，在人格當中的狀態，那就是厭倦，毫無意義，失去愛，包括失去了生存的能力。

　　抑鬱症患者到了後期呀，連呼吸都成困難的。這是我真真切切地體驗過的，不是我有抑鬱症，是我進入到抑鬱症患者的，他們的心識的深處去。他們每呼吸一次就像是揹負了千百斤的那個麻袋一樣，很困難。為什麼呢？他們的內在沒有支持靈魂的光芒了，而靈魂就會被自己靈魂揹負的累劫的細膩的習氣和妄想，帶入到黑暗的困境當中去，他們的活著的每一分鐘每一剎那都是巨大的折磨和煎熬。

　　我跟你們說的是真實情況，你們不了解抑鬱症患者的那種痛苦，我了解的。他們真的活的每一分鐘每一秒鐘都是在經受著巨大的煎熬，那是一種心靈上的絕望痛苦，連呼吸的每一次都是極度的艱難，極度的痛苦。所以他們選擇自殺，以此了結這種絕望無盡的苦難。

愛是唯一不變的答案，永恆的終極答案

那是因爲他們遺忘了自己生命當中圓滿光明的天堂，而被生命對黑暗的記憶帶入了這種絕望無助的深淵之中。所以我們要做的事情就是將天堂的光明向他展現，讓他的靈魂能夠透過他的意識人格看到他生命原本的樣子。那麼當他的生命對於眞理產生渴望了之後，他的靈性在眞理當中獲得了甦醒之後，他的生命本具的天堂之光自然綻放了之後，一切黑暗的記憶當下被消除，他就是一個健全的人格了。

一個抑鬱症患者，無論你陷入抑鬱症的時間有多長，境界有多絕望，狀態有多痛苦，內在體驗有多煎熬，你相信我，相信我，只要你聽我的講法錄音，只要你堅持地聽完，你的靈魂將會煥然一新。因爲我會將你的靈魂送往天堂，你一定會康復的。

大學生直面躁鬱症黑洞（上）

關於心理疾病的一點點感想：一定要眞實——眞實面對自己的內心，眞實地向家人表達自己的情緒與想法，眞實向眞神祖露自己的心靈。

前幾天晚上臨睡前看到一個幾分鐘的電視劇解說，是美劇《摩登愛情》第三集，由大美人安妮·海瑟薇主演，在劇中她是一個患有躁鬱症的女孩，也深深地渴望愛與被愛，但是因爲自己的疾病，她的情緒時而熱情高漲如同陽光照耀大地，時而抑鬱絕望連門都出不了，只能蜷縮在被窩裡，導致愛情的小火苗剛剛點燃就痛苦地熄滅。

多年來，她從來沒有向身邊人透露自己的疾病與痛苦，直到影片最終，她向自己的女上司訴說了自己的心聲，並打電話給所有的親朋好友，解釋自己對他們的逃避與傷害，在

愛是唯一不變的答案，永恆的終極答案

真實袒露的同時也迎來了理解。

除了嚴重的身體疾病以外，我也同樣患有躁鬱症，也叫雙向情感障礙。好的時候我漂亮可愛，躁狂的時候我變成大腦不轉彎的瘋子，抑鬱的時候我自怨自艾，自責自傷。

我理解那些白天戴著微笑面具的抑鬱症、躁鬱症、焦慮症病人，他們中的很多人看起來或許很陽光樂觀，但是背對人群時內心卻一片荒蕪，他們不願也不敢面對心靈的黑洞，那裡面冷不丁就跳出來一堆嚇死人的大怪獸，隨時準備吞噬他的靈魂。

但是最重要的理由是，他根本不知道怎麼面對，沒有力量面對，因為這不是一世的痛苦，不是心理醫生說的什麼原生家庭帶來的傷害，而是累生累世積攢的靈魂之痛，是狀似從天墜落的巨大恐懼感與不安全感。

在無力面對的時候，逃避與對抗是本能，逃避會使得黑

暗越來越強大，對抗則將本不存在的黑暗當眞，持續地陷入在痛苦中無法自拔。

他們不知道這個世界上還有另外一條路叫「眞實面對，與愛相伴，心向眞理」。

往往，我們在處於痛苦時，不願意將自己眞實的一面展露人前，我們會僞裝，會敷衍，會躲起來，會甩門而出。

「我沒事，我很好，我一點也不生氣，我一點也不難過，我心大得很……」

其實暗地裡可能已經要爆炸了。

我自己以前也有這個毛病，但是從去年開始以來我一直在努力改變自己，盡量眞實地面對自心。

比如說，我的嫉妒心很重，但是最可怕的不是自己有嫉妒心，而是嫉妒卻又不敢面對，讓頭腦自動合理化解釋自己的嫉妒，隱瞞自己的嫉妒，遠離讓自己感覺到嫉妒的環境。

愛是唯一不變的答案，永恆的終極答案

後來我選擇努力直面，從被嫉妒折磨得很痛苦，陷在裡面，到能立馬覺察到，看到了就允許嫉妒流經，看到了就立馬說出來，看到了就擁抱寬恕它。

我選擇面對心裡的大毒蛇，多次放下一切，閉上眼睛敞開雙臂，允許它撲向我，噬咬我，把我咬成碎片，我也只是溫暖地擁抱著它，逐漸逐漸在敞開的心扉，它的力量也越來越弱。

我不是情感的痛苦，我是愛，是寬恕，是接納。

另外一種強大的情緒則是憤怒，我時常上一秒還好好的，下一秒就被巨大的洶湧澎湃的憤怒撲倒在地。在沒有得這個病之前，我不是這樣的，我也憨厚，大方，情緒穩定，充滿友愛。

但是現在怎麼辦，它是我的業我的緣，它已經來了，我變得不再是我。這一刻，我不是天使啊，我就是魔鬼。

你能想像一個漂漂亮亮的小姑娘，下一秒突然就情緒爆炸坐在商場門口嚎啕大哭，渾身抽搐，見到人就用惡狠狠的目光看著對方嗎？這種人，你遇到了只能大喊一聲「瘋子啊」，然後趕緊逃跑。

我會告訴自己，我只是專注地傾聽，憤怒猶如哭鬧不休的孩子，而我，是這個孩子的母親，不是它的敵人，我需要用全部的注意力去傾聽孩子的痛苦與委屈。用柔軟的心擁抱它，照顧它。當我微笑的那一刻，我已經與它分離。

我會告訴自己，我是全然的允許，我允許憤怒肆虐，就好像化身一張大大的漁網，上面有無數的洞眼，允許海水流過去吧，而不是擋著它。

慢慢地，幾分鐘後，壓力開始減輕，憤怒開始緩和。最後就是默念「寬恕你，祝福你，我愛你」，張開手臂，擁它入懷，融化於愛。

愛是唯一不變的答案，永恆的終極答案

但是直面和愛的基礎，是對祂的虔誠，我一個弱不禁風的人類，哪裡有力量可以與累世的冤親債主抗衡？唯有虔誠，唯有出離，唯有學法，唯有信賴真理。依舊是想起《慈悲》講法中的那段話：

　　「所以說作為一個真正修行的人，要走我這條道路，走一條寬恕成就的道路，就是將真理的愛和完整的寬恕融到自己生活當中去，去寬恕自己的恐懼，去接納自己的習氣，去以愛的這種接納和包容去理解自己的罪惡、小氣、拒絕、貪婪、妒忌、仇恨、殘忍，去理解自己內心的小心眼，去理解自己內心的這種冷酷和痛苦，去用真理的純潔溫暖的愛去包容自己，寬恕自己，溫暖自己，接納自己，理解自己，擁抱自己，直至當你的心溫暖了，融化在真理的無限的、無邊際的、無終結的純淨的光明之愛，永恆的溫暖和接納之中的時候，你自然而然就可以將這種接納的溫暖推恩到你身邊的每一個人，這個叫慈悲救贖。久而久之，你內在的知覺靈性就會通過你內心的平安與溫暖的愛展現出來，當你內心的心識被真理的愛所接納了，所溫暖了，所寬恕了，你內心的心識

的恐懼，這種習氣的體驗他就會慢慢地分解。」

現在在痛苦的時候，我也盡量能對家人說出來：我很痛苦，我感覺很憤怒，但是我正在努力了，我正在覺察和擁抱我的情緒了，請你抱抱我，摸摸我的手，讓我自己安靜一會。

在頭腦中過去的畫面閃現，想起那些傷害過我的人時，假如我很委屈，我允許自己自然地哭出來，我或許會大喊：「我討厭你們，我恨你們！」

但是同時，我覺察著自己的哭訴，我知道這不是單純的發洩，再然後，我允許自己的恨意流淌，並擁抱它們，寬恕它們。

外界的敵人與自己內心的仇恨情緒是一體的，當我的仇恨情緒逐漸消失的時候，我對那個人的感覺也消失了。或許下一次它還會來襲，那就準備好繼續迎接吧，總之，我有辦

法的，不是嗎？

　　在平時的時候，就經常想一想咒語：

　　我是被愛著的，我是被深深愛著的。

大學生直面躁鬱症黑洞（下）

讀法一個多月了，無論是身心細胞的淨化，習氣慾望大面積的瓦解，還是靈魂曾經蘊含的下三道體驗的轉變，都很驚人。

最近每天早晚大聲讀法，除了自己的改變，也潛移默化帶動了家人，讓他們很有信心。

看著我的變化，媽媽也開始讀法。休息時候我們還會互相交流，隨著《心性天堂》講法的推出，我也會向她時時曝光、懺悔、袒露自己，逮住小我，不跟她跑。我們互相間的交流和曝光使得修行在生活中進一步落實。

我身體上因爲生病，肌肉萎縮了十幾年，讀法的一個多月居然長出了肌肉，撸起袖子和褲腿就能看到新生的肌肉線條，捏上去是結實有力量的。

愛是唯一不變的答案，永恆的終極答案

很多年不怎麼能吃東西，吃點點就胃痛得厲害，讀法後突然能吃了，經常可以下肚個大大的肉包子。

雖然這種變化很膚淺，很表面，但是關鍵不在於執著表面的變化，而是與此同時建立起對天堂的感恩感激，對天堂那一念的感恩和期許，就是天堂與我們同在。

老師無比慈悲，祂像對待小小小小小毛孩一樣哄著我們。

「『我昨天吃到個包子，那個包子味道非常好，這個是我學法之後獲得的福報，過去因為我沒有味覺，現在學了法之後，我吃包子有福報了』，沒問題。你吃到包子，感覺到包子香的這一念頭，從而形成了對法的感激和信任，沒問題，這個信任就是我救你去天堂的機緣。」

「只要你對祂升起一念，哪怕一個不經意的念想，『哎呀，老師的這個法好像聽起來挺舒服的，這兩天我睡眠變好

了』，這一念，就是天堂伸向你的橄欖枝。跟著這一念走，你的靈魂會回歸到，那個永恆溫暖，永恆光明，永遠不會黑暗，永遠不會經歷死亡與痛苦的極樂聖境。」

「只要你對於真理產生一絲的信心，那個就是我拯救你靈魂的開始，天堂只是救贖與愛，沒有懲罰。」

——《如來（下）》（2023-07-26）

還有讀法後大塊習氣的脫落，以前怎麼想用自己的意志力、自制力、自律，去改掉的毛病、慣性，在讀法中就輕輕鬆鬆莫名其妙地沒有了。

例如以前愛亂花錢、愛逛街，內心始終處於一種不滿足狀態，希望用外在的東西來填滿這個內在空洞。但是在讀法中，這種習氣迅速地被淨化了，它不是我自己努力克制的結果，沒有用力，就是那麼自然地，我內心那種時常浮現的壓抑感、抑鬱感、窒息感、不滿足感，消失了。

還有就是，以前躁狂發作時候是很折磨人的，內心會湧動著難以抑制的仇恨、憤怒、殘忍、扭曲的自殘和受害者情節。

　　這些難以描述的深層的黑暗因素也消融、淨化了很多很多。

　　曾經那一個個絕望寒冷的黑夜，獨自一人面對內在的情緒，一次次地煎熬地嘶吼，嚎啕大哭，面對親人無法控制地口出惡言。

　　在老師加持下居然輕輕鬆鬆就過了，我真不敢相信。

　　讀法以來的一個多月，也發過脾氣，但是媽媽說這就是像小孩子那樣，撒嬌耍賴那種發脾氣，幾分鐘就沒了，沒了就忘了，身心內外什麼也不剩了。

　　感恩老師開通了讀法這條火箭通道，讓我這樣的業障深重的眾生能夠得到如此迅猛的救贖！

　　法義的背後就是漫天神佛！

抑鬱症

我除了身體疾病外，還有精神疾病。2019年住院，隔壁病房有位小病友與我一樣的重度躁鬱症，做一樣的治療，吃一樣的藥物。她的身體還相當好，沒有任何問題，我則是身體也瀕臨死亡，每天承受很多疼痛。

當天晚上父母送我去醫院急診的時候，醫生做了檢查和生命評估，已經器官衰竭，醫生嚴肅地說只能活7-10天了。

但是我在老師的加持救贖下漸漸好轉，而這個比我小接近十歲的本該春花爛漫的女孩，在今年4月底，不堪痛苦，自我了結了生命。

自己是做不了任何事的，自己是不可能拯救得了自己的。只有神可以拯救人類的靈魂。

因為每天都在學法，雖然時間不長，在法義的智慧、光明、愛的洗滌下，大腦細胞一定是不斷重生的。

在做過八次電療後，正常應該成「傻子」了，我查閱過

很多人的分享，都是什麼也記不住了，工作學習也很差，這導致進一步的壓力，抑鬱，焦慮不安。

　　但是我一年比一年好，雖然記憶力和生病前比還沒有恢復，但是學習的能力在逐漸回來，學習中比較複雜深奧的東西也覺得不難懂。

2023年12月7日

2019年7月24日

抑鬱症

我曾經覺得冬天是那麼地難熬，但是現在不這樣了。

　　前兩天我看到卡謬的一句話：「在隆冬，我終於知道，我身上有一個不可戰勝的夏天。」

　　那個夏天，是老師，是真理，是祂。

　　「只有神可以拯救人，人類是沒有力量去拯救自己，人類也沒有力量去拯救他人的。」

　　「所以說，對於真理的絕對的赤忱的愛，可以在你陷入絕望痛苦無盡深淵的時候，那種愛，可以讓你藉助愛的力量，看到痛苦的你自己，並且對於你自己進行救贖。」

——《超度》（2023-09-26）

愛是唯一不變的答案，永恆的終極答案

重度抑鬱的我，重見光明

　　2018年我爆發了極重度抑鬱症，辭職在家，大門不出、二門不邁，怕見光怕見人，整日黑白顛倒，瘋狂地打遊戲，逃避現實，自閉中拒絕交流，滿腦子都是想通過各種不同手段來自我了結，對人生沒有了期望，心靈枯萎，精神萎靡不振，怨天尤人，戾氣爆棚，黑氣滿面，暴瘦如柴，只剩下絕望、煎熬、孤獨的內心和自殺的想法。

　　2019年7月底正式放棄一切，開啟抄法之路：

　　內心深處迷茫無助，人格懦弱無能，滿腦子都是殺心，不停出現「殺殺殺」的念頭，內心想著逃避現實，想著跑路，可我無路可走。

　　抄法再痛苦也要堅持，多數情況被習氣帶走，時常困

乏，睡覺時間多，「只要清醒就抄法」的想法開始萌生，懵懵懂懂的內心依舊被陰暗負面情緒分秒席捲著，呆滯僵硬麻木的狀態。

2020年，內心深處依舊恐懼、煎熬，心如堅冰，強迫式在學，內心不願放棄、離開，但三天打魚兩天曬網式地懶散，業力逆襲不斷。

2021年，依然恐懼焦慮不安，床頭24小時循環播放《夢》《心安》。在嘗試恢復交流中，內心深處的封閉在減弱，心靈有了初步的轉變，持續學法中。

2022年，人生轉折的開始，修行進入了時好時壞的狀態，內心深處更多的負面情緒曝光出來了，經歷多次痛苦抉擇，身心細胞在更新換代中，不願離開。

2023年開始後，修行進入了快速升級淨化的狀態，前半年時間多數在抑鬱狀態徘徊，深層的憂愁傷感、負面情緒爆

棚，恐懼的狀態持續中。

2023年下半年起，24小時戴著耳機聽最新的音頻，堅持大量抄法、讀法，心靈進入了一種全新的狀態：

只有活在法中是真實的我，心靈深處有了溫暖和愛滋養，恐懼焦慮稀釋、淡化中，不抗拒交流了，不牴觸、反感遇到的人了，心朝向自心了，人簡單多了，不學法就覺得像少了什麼一樣心靈空落落的，無助迷茫。抄法、讀法過後整個人精力充沛，陽光樂觀，身心輕盈，內心安寧，靈魂沐浴在聖光中，一次又一次地被救贖，得以重生。

現在依然有恐懼和不安，但是我不怕了，業力逆襲衝擊心靈的力量在持續減弱中，心靈被拉鋸撕扯的力量在慢慢消融中，堅信，對於一個痴愛真理、仰望天堂的靈魂而言，抑鬱早已遠去。

有種腳踏實地、如釋重負的悠哉呼吸空氣的舒暢感。

想抒發一句：輕舟已過萬重山！

我們的生命是恩師救的，恩師看護著我們的靈魂，就在生命深處啊！

2018年   2023年

愛是唯一不變的答案，永恆的終極答案

尋尋覓覓，終於找到康復之路

　　這兩天在聽老師的《抑鬱症》錄音，想想自己的過往，寫下心路歷程。

　　我們家可能能量氛圍就不太好，爸媽十歲以前，奶奶和外公相繼上吊自盡！我呢，初中十二三歲，本該花一樣的年華，可是，那個時候卻不像其他小孩活潑開朗，經常想著死了算了，活著沒意思！

　　一直到結婚育兒，夫妻關係緊張，整天吵吵鬧鬧，家裡長期處於煩悶狀態，好在有兒子，看到他心情倍好，什麼煩惱都沒有了！

　　再到前些年，兒子大了，我獨處的時間多了，抑鬱的苗頭就越來越明顯了。那是一種什麼狀態呢？就是心底總冒

出來，「死了算了」，上吊自盡的場景總是冒出來！我整個人都是往下沉的，總覺得心頭被壓著沉重的蓋子，透不過氣來！幹什麼都沒意思，對什麼都沒興趣，很想死很想死！

我缺愛嗎？其實不缺，從小父母很疼愛！可是我不會愛人，除了愛孩子，整個人就是個怨婦，加上夫妻關係緊張，我就愛找人抱怨，這就是我以前的狀態！

後來自己實在撐不住了，走進了心理諮詢室，可是我不善於表達，諮詢師說我笨嘴笨舌，我覺得又被傷害了。去了幾次就沒去了。

再後來，走進了網絡班，導師是自稱修禪宗加密宗的心理學者，得到了一些改善，一年多花了十多萬，整整兩年的工資收入！導師說「善護念」，護好自己的念頭，改變自己的認知，可是，我心裡還是有疑問，改變認知依據什麼樣的標準呢？我也想改變認知啊！我也想善護念啊，可是念頭不由我控制，它隨時隨地都冒出來啊！

我又陷入了迷茫。

這時候遇到了《夢》，抄《夢》，半個月，就覺得心頭卸下了重擔！每天精神飽滿，那些經常冒出來的想死的念頭也很少光顧了！沉悶的心頭像被掀開了蓋子，呼吸到了新鮮空氣，感受到有希望了！

明白了自我人格本來就是不真實的，我就在這個本不實有的人格帶動下，忽上忽下，忽喜忽悲，在人生幻影裡執迷沉入。

人生有了方向，靈魂有了歸宿，生命有了奔頭，考慮的只是回家的腳步不要太慢，不要掉隊，所以現在我也沒時間再去抑鬱了，考慮的只是如何對照真理的標準剔除內心的雜質。是老師給了我新的生命，是老師讓我知道了：人不僅僅是為了活著而活著，我們活著是為了回家！

經歷過世間普通心理諮詢方法，經歷過禪宗與世間心

抑鬱症

理學糅合在一起的心理諮詢法，一個曾經的抑鬱症患者深切體會到，只有老師這裡，可以讓人新生，可以斷除抑鬱的根基，我們真正的生命在身語意無法觸及的深處，我意非我，藉助真理的光芒，讓愛融化我們冰冷黑暗的角落，抑鬱症的孩子們，回來吧，這裡是我們共同的溫暖的幸福的家園！

愛是唯一不變的答案，永恆的終極答案

當一個人的內心深處和整個的心靈願望全部投向真理的時候，這個人可以從根本上治癒精神體系裡面的黑暗，也就不會有抑鬱症的存在了。

抑鬱症

曾經，我的世界轟然坍塌

在「抑鬱」還不是一種病症，在還沒有那麼多人得抑鬱症之前，我就已經抑鬱了，從小就抑鬱。

小時候的抑鬱主要表現在：害怕、緊張、恐懼，害怕不小心犯錯誤，惹媽媽生氣，害怕考試成績不好，回家捱罵捱打，所以過得小心翼翼，膽戰心驚。只要媽媽在家，我就是乖得不能再乖的小女孩，媽媽不在家，我就成了爸爸的寶貝小公主，才會開心地笑，雖然這樣的機會很少。

可是後來，爸爸突發腦溢血，走了，那年我高二。我的世界從此轟然坍塌，我失去了唯一愛我的人，生活再也沒有意義了，我昏睡了三四天，休學了兩個多月，夢裡都在呼喚爸爸，讓他帶我一起走。那是一段無比心酸、無比悲痛、無比黑暗的日子，直到我上大學之後，才漸漸好一點，有了自

己的朋友。

可是，抑鬱始終圍繞著我，成為了我性格的主色調：內向，憂傷，清高，孤僻，壓抑……雖然我一直努力地、認真地工作生活，但我隨時隨地都會悲從中來，不知不覺就陷入失望與絕望之中。日常一件小小的事情，我都可以在心裡編織出一幕人間悲劇。悲傷之時，我想到的總是：死吧死吧，死了算了。

回憶中，不完全統計吧，我曾經不止一次想到過死。老家門前不遠處有一條河，有一天，我在河邊久久徘徊過，想跳下去，但那幾天下雨，河水咕嚕咕嚕有點髒，我一想再想，最後還是放棄了。還有一次想被車撞了，在路上溜達著，也沒碰到合適的機會。後來也想過跳樓、割腕、吞安眠藥等等，想過好幾種死法，但沒有試過，也許是因為膽小怕死，也許是因為這些死法，沒有一種是完美的，可以死得安心。

白天不懂夜的黑，我身邊的人從來不知道我如此抑鬱，

抑鬱症

多說無益，一笑而過就是了。十幾年前開始學佛，周圍的人們也不理解，認為只有生活不幸、看破紅塵的人才學佛，我大多只是笑笑，心裡總是默默地說：你怎麼知道我不是生活不幸，你怎麼知道我不是看破紅塵。我看著他們吃著喝著玩著樂著，我聽著他們聊各種八卦新聞，好開心好滿足的樣子，我也想融入，但真的覺得好無聊，好沒有意義，開心快樂，悲傷痛苦，都沒有什麼意義，人生就沒有意義。

　　我也試圖熱愛生活，學打球、學書法、學畫畫、學茶道，各種學習，各種打發時間，可這樣的生活最多也只能給我帶來一時半會的放鬆而已，卻根本無法讓我緊張的心舒緩下來，也無法讓我孤獨的靈魂徹底安放下來。

　　我也想接受一下心理諮詢，可是我自己就專業學過教育心理學，那些理論我懂，佛法理論我也學了那麼多了，關鍵時候，我的悲傷還是會抑制不住，逆流成河，像黃河決了口。
　　直到兩年多前遇到老師，遇到了老師的教法……

愛是唯一不變的答案，永恆的終極答案

這樣悲痛的心情已經好久沒有出現在我的心裡了，那些曾經的灰色經歷也彷彿是好遠好遠的記憶了。就算那天聽老師最新講法《抑鬱症》，我連著聽了兩天一晚，靈魂一點未被觸及，一滴眼淚都沒有流。我好像快要遺忘了那些曾經的抑鬱和悲傷了。

　　昨天，我在抄法，突然間，聽到了老師的法音：「你們記住我這是真理。一個內心愛別人超過愛自己的人，這輩子與抑鬱症沒有緣分的。抑鬱症永遠不會找到你的，因為愛是抑鬱的剋星，就像光是黑暗的剋星一樣。」（《抑鬱症》2023-07-06）一下子，那些委屈、那些難過、那些哀怨，伴隨著老師的法音，從心底冒了出來，淚水流了下來，悲傷劃過我的心上，如同孤雁掠過灰濛濛的天空。

　　我知道，老師講法裡說的就是我，我之所以從小就抑鬱，是因為我一直缺乏愛的能力，我一直在等待別人的愛，我沒有愛別人的能力，也沒有愛自己的能力。小時候的抑鬱，大多來自於媽媽愛弟弟，不愛我；長大後的抑鬱，則主

要是因為我的愛人愛他的家人勝過愛我。我的抑鬱是因為愛的失落，是因為被忽略、被忽視，所以歸根到底我還是愛自己的。

老師說：「我從來不相信一個內心裡面有愛的人，愛別人、愛社會、愛其他的人超過自己的人會得抑鬱症，絕無可能性，連0.001的可能性都沒有，絕無可能。一切患了抑鬱症的人，都是因為內心失去了愛的能力。」（《抑鬱症》2023-07-06）

兩年多來，我沉浸在老師的法裡，沐浴在老師的聖愛與寬恕裡，我知道人生無非因果緣起而已，我知道一切愛侶親友無非心靈宿債而已，我知道愛恨情仇不過是夢中泡影而已，這一切都是小我自己的劇本而已，與我無關。

我知道生命的本質卻是那完美無缺的愛，自我保護不是真愛，而是束縛，是禁錮，是鐐銬，是閉環。對於孤獨、孱弱、抑鬱的靈魂，只有光才能照進，只有愛才能撫慰，只有

愛是唯一不變的答案，永恆的終極答案

寬恕才能釋懷，只有放棄，走出去，才能看見光、看見愛，成爲光、成爲愛。

如今的我，是被老師深深愛著的靈魂，我是被如來深深愛著的佛子，我是被聖主深深愛著的孩子。聖愛之下，哪裡還有抑鬱存在的可能？聖光出現，陰霾便無處遁形，自動消散。

所以，當他們今天突然出現的時候，我停下了抄法，我看著他們，直面他們，敞開心扉接納了他們，接受了他們，我與他們一起回憶前塵過往，我與他們一起看著那些悲傷的畫面，我對他們緩緩表達著我的心痛、理解、安慰和擁抱。當我與他們互相原諒、互相寬恕、互相祝福的時候，我就同時與他們握手言和了，我們彼此合掌歡喜。

告別吧，拜拜了，送別他們，如同老朋友一般。

所有和我一樣，抑鬱過的人們，抑鬱著的人們，被抑鬱困惑著的人們，走不出抑鬱黑暗的人們，都來吧！愛自己，愛別人，愛每一個因緣，愛每一個遇見！都來接受陽光的沐

浴吧！都來接受眞理的洗禮吧！都來接受老師的加持吧！都來接受諸佛菩薩的救贖吧！都來接受聖主的恩典吧！這個虛幻的人間不值得抑鬱，這個虛幻的人生載不動抑鬱，抑鬱本身亦如霧如露、如夢如幻，揮手輕彈，一無所有。

　　我們是眞正的靈啊，我們是永恆的愛啊，光明的天堂才是我們眞正的家園！那裡，才是我們的靈魂原始的來源，在那裡，我們極樂喜悅、豐盈具足。回家，回家，回到靈魂的愛的家園去，那裡，早已聖愛滿滿！此時此刻，我的心裡，很溫暖，很安靜，很充實，唯獨，沒有抑鬱。

我寬恕你，擁抱你，溫暖你，接納你，愛著你，融入我的愛，沒有任何人能夠傷害得了你。

愛是唯一不變的答案，永恆的終極答案

140

幻聽手抖失眠消失了

　　大概8歲的時候我突然感覺有兩個我，我站在我的身體外邊看著我，並想知道我是誰，很陌生，同時感覺身邊的人很怪，也很陌生。這個感覺在我的少年時期一直斷斷續續的，後來糊里糊塗地長大了，又感覺我是一株植物，與這個世界產生的連接很少，不能融入、很孤單。我想一直走，走過一座山又一座山，可想到山後面還是山，我心裡充滿了被封閉在密閉空間的窒息難受，我總想著自己飛起來，站在很高很高的山頂看風景，心裡就好些。

　　糊里糊塗地過了青春期，2007年開始，我和身邊的環境融入得越來越多了，童年的那些夢境，不認識自己的感覺逐漸淡去。

抑鬱症

2012年結婚了，家庭生活中充滿勞累恐懼，單位上也經常被領導批評，對上班和下班回家都充滿了恐懼。2016年離婚，每天如驚弓之鳥，擔心單親家庭對孩子成長不利，懊惱自己當初的選擇，擔心工作出現失誤失業無法生存而恐懼，為買不上合適的房子而焦慮，也害怕離婚被人歧視。工作壓力依舊很大，繼續受到領導冷臉相待。

2017年的時候，總感覺有人扇我耳光，甚至逼著我站在高處往下跳，我害怕得都不敢去高處，頭痛得受不了，記憶力減退，每天昏昏沉沉的，和別人交流出現了障礙，思維混亂，還很緊張，總是慌里慌張，逐漸開始自卑。

2019年到2021年工作壓力很大，心情跌落谷底，雖然感覺被人打的那種幻想沒了，但渾身乏力，什麼都不想幹，時不時手抖，又失眠，每天感覺天都是陰沉的，特別害怕秋天，害怕雨天，總是盼望春天，對孩子吼叫，說話特別暴躁，這樣的狀態基本天天如此。我意識到我抑鬱了，但是又不願意相信，沒去過醫院檢查，也沒吃過藥，就念咒，有些

許的效果，如果不間斷念咒，心情能好幾天，一旦間斷馬上復發。

期間姐姐介紹了老師的法給我，我斷斷續續地學習。但聽到錄音感覺自己沒力氣聽，身體裡沒骨頭一樣，大的聲音就感覺很嘈雜。姐姐每次耐心引導後，我就學一點，過幾天又放下了。

現在我對真理信心越來越足，2021年下半年逐漸開始學習，到今年夏天有一段時間學得比較用心，現在我的抑鬱症不翼而飛了，我彷彿沒經歷過那段時光一樣。心裡好亮堂，恐懼也沒了，最明顯就是不害怕上班了，對孩子教育和健康的擔心沒了，我體驗到了好幾年沒有過的快樂。我現在完全相信老師，希望老師加持，我要精進學法！

抑鬱症

心靈從絕望的漆黑夜色中，看到了光明，看到了希望，體驗到安全與溫暖，心靈就看到回家的道路。

愛是唯一不變的答案，永恆的終極答案

4歲自閉症男孩，18個月的奇蹟

2020年12月分，一個4歲的小男孩患自閉症，經醫院兒科醫生介紹過來，當時這個小男孩不說話，也說不全，面部表情淡漠，典型的自閉症。

父母在外地打工，家人非常焦急擔憂。我囑咐孩子的父母，讓小男孩24小時聽《夢》。

今天複診，小男孩與人能正常交流，背誦古詩詞多首，主動與醫務人員交流，聽其父母說他一切恢復正常。自閉症完全康復！

為了鞏固療效，今日來複診，我囑咐爭取讓孩子三個月到半年背誦《夢》。

自閉症18個月完全康復，這在醫學上是奇蹟，自閉症依靠心靈雞湯，或者現代醫學幾乎無法康復，唯有依靠真理，才能打開孩子缺乏愛的心靈。

特殊學校孩子的曙光

（一）

　　分享一位自閉症小朋友聽了老師的音頻後的反應：

　　之前他會不停地拍手掌，或者拍桌子，或是揮舞雙手，反正兩分鐘都停不下來。但當他第一次聽老師誦的《心安》時，竟然靜靜聽了2到3分鐘！而且，聽後居然流淚了。

　　我把老師的《去愛》播放給他聽，那個音頻是7分多鐘，他居然能趴在我腿上，安安靜靜，一邊被我按摩，一邊聽著音頻，近10分鐘。經過五六天，現在他能堅持聽到15分鐘左右了。

　　這個對一位自閉症兒童而言，真是很不可思議的事情。

抑鬱症

我們平時聽《夢》的機子，我都沒教他怎麼開，他自己出去玩回來，第一時間就去打開播放器，聽上《夢》也不再吵著看電視。他媽媽那天下班回到家，看他沒看電視，而是安靜地在蹦蹦床上聽法，她都覺得太神奇了！

我每天都要讓他跟著我讀一小段音頻上的文字，現在他已能跟著我讀三分之二的《去愛》。

記得有一次他聽著《去愛》音頻時，突然雙手抱著我的腦袋，用他的頭用力頂住我的頭時，我即刻發現自己內心升起恐懼感，全身毛孔都立了起來：哇！我是怕他打我！他有時會自殘，有時會攻擊別人。

這念頭升起時，我馬上提起正念：我是愛與寬恕啊！他如果真的打我就打吧，我接納一切，擁抱一切！

就在我念頭還沒反應過來時，他就用臉貼在我的臉上，右邊拭一下，接著又貼左邊一下。哇！嚇我一跳，我雙手擁

愛是唯一不變的答案，永恆的終極答案

148

抱他並拍拍他的背，嘴裡說：「乖，乖，乖！」然後輕聲告訴他說：「你是愛呀，你不是這具身體，也不是認知身體的自我，寶貝，你是愛呀！」

然後他的臉上現出純真的笑容，低聲嘟噥著：「你是愛呀！是愛啊……」

如何能讓孩子能夠體驗到愛呢？多承認他，多肯定他，多說「我愛你」，多去擁抱他。去用種種方法開啟他靈魂深處他曾經有過的，那種對於溫暖的體驗，對光明的記憶。

抑鬱症

（二）

這位小朋友，阿拉伯數字1-5都寫得不清楚，只是會認。今天上完課後，我把老師布置的作業抄下來，讓小朋友試著做一下。沒想到，我把題目拿出來指著數字叫他回答，他居然每道題都能回答出來呢。哇塞，我都愣住了，真的太神奇啦。

我趕緊拿出手機拍攝下來，發給他媽媽。他媽媽看後太激動了，立馬把我發的視頻發到她家族群裡去，讓他外公外婆以及家中親人看。個個都誇他怎麼變化這麼大，以前從來沒發生過的事情。

他媽媽回來說：是不是因爲聽了你老師的音頻才有這樣的進步？我說：應該是的，要有信心，若要想孩子好得快，你也要去聽法、抄法，如果家長這樣做的話，孩子會好得更快！

自此後，他媽媽也開始聽法。

他的爸爸看到視頻後，晚上回到家也去出了幾道題讓兒子做，小朋友輕鬆地回答出來，他爸高興地說：這孩子好像哪根筋被接通了一樣。

這樣一件小事對一個正常孩子真不算什麼，但對於一個自閉症孩子的家庭來說是一件可喜可賀的事情啦！

（三）

時間過得真快，一眨眼就100多天過去了。這位自閉症小朋友的改變真的好多、好大。我就舉出幾件小事和大家分享：

1. 懂得表達肚子餓和飽
以前如果肚子餓了，想吃飯都不懂得如何表達出來，只會用哭泣來表達自己肚子餓了。現在呢，到吃飯時間，問

他：「肚子餓了沒有？」他會回答我說：「肚子餓了，要吃飯飯。」如果他不餓，他會回答說：「不要吃，不要吃。」

以前他不僅不懂得表達，吃飯也不懂得飽，會不停地吃，吃到吐還要吃！現在他有時會摸著肚子告訴我說：「飽了，飽了。」

2. 懂得逛超市

前兩天我第一次帶他去大型超市逛逛。之前聽他媽媽說，他一去小賣部就去貨架上亂拿東西吃，每次經過小超市都要繞開走，所以很少帶他去超市玩！

那天進入超市時，工作人員要求必須戴口罩，他很配合地就把口罩戴上。我讓他推著一輛小推車，他邊推著車邊好奇地走在我身邊。走到飲料區時，他突然衝過去拿出一瓶飲料想直接打開喝。我連忙制止他，並告訴他：「你可以把飲料放進小推車裡，要等阿姨把錢錢算好了你才能喝，好嗎？」他看了看我，回答說「好」，就把飲料放在推車裡，我們接著逛。

然後還帶他到遊樂場去玩，那天他玩得很開心。他父母

看他能正常去超市不搞亂，非常地開心。

3. 不亂吐口水了

在4月分的時候，他亂吐口水，非常嚴重，在班級裡時不時就會飛到同學身上，或是同學家長身上。大家孩子都有缺陷，別人家長也能包容，不會罵他。

我在放學帶他回家時，遇到紅綠燈，都不敢把車停在路中間，只能停到街邊的邊角上，生怕他口水亂飛，飛到行人身上。

我專門在他身邊放了個垃圾籃子，過了幾天，當他想要亂飛口水時會看我，我若盯著他，他就會把口水吐進垃圾桶裡。後來慢慢習慣下來，有口水就對著垃圾桶吐，一直到現在都沒有亂飛口水的現象了！

4. 懂得看更多動畫片了

最早我遇到他時，他只會看些「果寶」的動畫節目。而且是不停地、反覆地看同一個節目，其他的他不看。

後來隨著他每天聽法後，現在他懂得看《西遊記》或

「胡圖圖」「大頭兒子小頭爸爸」的動畫片了。他在看電視時，我會講解給他聽，看到豬八戒摔倒的可愛畫面時，他會哈哈大笑！

現在我會引導他說出他想看的節目，之前他只會用手去指，現在他能說出很多節目的名字了！

5. 能完整地跟讀《寬恕》、《去愛》

現在他能完整地跟我讀這兩篇文章，不僅如此，我讀上半句，他就能接下半句。他最早只能聽幾分鐘的音頻，現在打開音頻給他一兩本書，他一邊翻著書，一邊聽著音頻，能聽一兩個小時！他父母都覺得他安靜了許多，不會像原來那樣亂跳了。

6. 能讀寫阿拉伯數字了

也許大家覺得能懂數字簡直是太容易了，可對他們這些孩子來說好難。前兩天我教他寫數字「1」，教了好久才寫出幾個像蚯蚓的「1」，讓他寫「2」時，他就偏偏弄出個「3」。

哇，天哪！高血壓都給急出來。「怎麼那麼笨呀，這麼簡單的『2』你都寫不出來，這麼容易你都不會？」這些念頭會瞬間升起來。不對呀，我不能跟著這些念頭跑呀！這時在內心中反覆默念寬恕。「寬恕不與頭腦講道理！寬恕不與情感講道理！」就這樣，我在心裡重複吶喊這幾句話。

我再次握住他的手教他寫「2」。也許他也被我情緒影響，就不願意寫了，嘰嘰地叫個不停！我又教了幾遍，讓他單獨寫，結果還是一樣，偏偏都變成了「3」，還有「5」，我看著自己的心波動得厲害。

我乾脆再次握住他的手，嘴裡大聲喊出：「寬恕不與頭腦講道理，寬恕不與情感講道理，心靈力行寬恕，即可橫斷生死。」我喊了幾遍，我哭了，心靈也柔軟下來，放棄了握住他的手寫字，告訴他我們換種方法來。

我讓他用手跟著我在牆上寫出「2」，他跟得很好，也能畫出「2」的樣子。我就讓他用筆單獨寫出「2」，他還是寫「3」，寫「4」，寫「6」。我再看著自己的心，還有波動，只是沒那麼大了。那就用身心靈繼續念「寬恕」的文章。我讓他握住我的手指頭當筆，在牆上畫「2」，開始我

抑鬱症

有意用力，慢慢地我不用力，而是讓他帶著我寫。就這樣我心平復下來，他也安靜下來。我再次讓他握筆寫出「2」，這次終於教成功了！

老師的音頻加持力不可思議！能穿透他的靈魂，令他的身心靈都能慢慢康復！

愛是唯一不變的答案，永恆的終極答案

重症康復

奇蹟

　　好了，這種狀態過了幾天吧，然後有一天，我這實在是閒得沒事了，我突然想起來，我家地下室好像還有一個試紙盒——專門檢驗新冠的試紙盒，放了好久了，沒用，再不用的話，新冠就過去了。你知道我這個人是個很節儉的人，你放著浪費了，扔掉了之後，也挺可惜的，我檢測一下，看看我是不是新冠。

　　然後我就——雖然我看不懂英文，但是它上面有圖案的標示嘛——我就一步一步地，在鼻子裡面用棉籤沾一下，然後放它那個水裡面，轉一轉，然後把那個水倒在那個試紙條上，一看。哇塞！它真的變成兩條線兒了。當時我就有一種中了彩票的感覺，你知道吧？我當時很開心的，我也「陽」了，這是一件多麼榮幸的事情！哈哈哈。

　　然後呢，這個就是個玩笑，對於我來說，那個就是個

玩笑。結果，奇怪的事情發生了。當天晚上，一下子，病情加重了，瞬間加重。平常，前面這一週，哪怕我沒有味覺一週，我的身體依舊很輕鬆，就是我走路不沾地的。我走路，你們看我的腳在地板上走，我的身體是離開地板的，走路是不沾地的，身體沒有重量的。哪怕我生病了，我失去味覺，失去嗅覺了，我的身體沒有重量的。

檢測完了，確定我「陽」了，然後晚上直接病情加重，第二天早上，我根本就爬不起來了。身體那個酸困、沉重的程度，比我測量之前，瞬間加深了10倍到15倍，就說我爬起來都費事了。這我就奇怪了！爲什麼？昨天還好好的，就前面這段時間好好的著呢，從我那天晚上冷得打哆嗦，然後到我失去味覺這十天之內，我都好好的著呢，任何反應都沒有。爲什麼，爲什麼這一下子，我的病情就加重了10倍、15倍？爬都爬不起來了。

後來，我就仔仔細細回憶了一下，噢！你們要知道，我是可以脫離開我的心意思維，脫離開我的記憶和感知的；我

是可以脫離開我的潛意識，也可以脫離開我的人格的這種思量心的靈魂的：我不是靈魂，我是靈性，我是不死的生命。所以說，我能看到人那個靈魂，構成靈魂的那些因素——我的潛意識的習氣和細念，他們在想什麼，我這才找到了一個人死亡的原因。所以今天這堂法是未來，那些患了癌症，患了絕症人的福音。

　　我告訴你們，就是因爲我確定了，我給自己的狀態，身體的狀態「定義」了——「我是得新冠了」、「我陽了」，這個叫定義，你知道嗎？就像是醫院給你定義，「你是癌症晚期」。一旦定義了之後，你想啊，我已經是個神了，我已經是一個三界內尊貴的、不死的神靈了，可是因爲我沒有修行圓滿，我身上那些潛在的習氣和細念，他們就會瞬間被這個定義，激發起來了他們對這個定義的記憶，你知道嗎？

　　「陽了」，就意味著生病，生病就意味著你的身體的這個機能會損壞，生病就意味著你的業障要聚集，生病就意味著你的身體要出現跟生病相對應的狀態！瞬間，我的身體就

爬不起來了。這個不受我主觀意願為轉移的，這個是我的潛意識——也就是說沒有被我淨化完的，那些思量心當中的習氣和細念，他們都是生命，他們都有記憶，他們都有生命的記憶，對於病的記憶，對於生的記憶，對於死的記憶。

不要用「病」，不要用「絕症」來定義你的身體狀態

重症康復

所以說，然後我又經過了一天多的時間啊，然後我又聽法，將我的心識的注意力，放在法當中去。你們看我平常不務正業，無所事事的，但是我平常都是聽著法的。你們看我每天看電影，看電視，可是我告訴你們，我看電影，看電視劇，從來不開聲音的，我只看有字幕的，為什麼？我要聽法。

　　我為什麼要邊看電視邊聽法呢？實際上說出來，是一件很笑話的事。因為我聽太多了，我聽法聽太多了，知道吧？如果不再有個什麼事物，來吸引我的注意力，我沒有辦法聽進去的。所以說，我就看一些電視劇，看的那種比較好看，但是不需要動腦子那種電視劇——什麼八卦呀，是非呀，你愛我、我愛你呀，不需要動腦子分析的東西。

　　然後我就戴著耳機去聽，然後把耳機裡面的聲音，當成他們電視劇裡面的對話，這樣我就能聽進去了，你知道吧。我是在想盡一切辦法，就說我要強迫自己，我的心、我的耳和我的意識，是不能離開法的。

我沒有任何的那種對於學法要達到境界的執著，「今天我要達到一個什麼狀態啊」，那個你千萬不要這麼想，你這麼想的話，一定會入魔的。就去聽就行了，但是一定要、一定要讓自己聽夠六個小時以上，一定啊，因為從量變到質變。

　　聽到最後，你可以一句話都記不住，但是你一定會有體驗的，一定會有內在那種安寧、清澈、安全、寧靜的體驗。對了，學法最終，就是要培養這種體驗，你知道吧，就是要培養這種你身心內在，脫離你意識思維，脫離你心識主觀意願而客觀存在的，這種感受中的安寧的體驗。

　　然後，我聽了一天法，那種安寧的體驗當中呢，把得了新冠這個事情引起來的體驗給取代了，然後身體瞬間又恢復正常了，沒有重量。我今天，你看，我還是沒有嗅覺，你們都能聽出來，我這口鼻裡面好像有點不清楚啊，有點傷風感冒的那種狀態，我沒恢復呢，我現在還在新冠著呢，但是我現在身體沒有重量。

此時此刻，我在給你們講法的時候，我的身體裡面是一片光明的，沒有痠痛感，沒有那種滯澀感，沒有那種得病了之後的寒冷感，更沒有身體的那種沉重感，沒有，就跟沒患病一樣。雖然我的生命表象有痰，有鼻涕，還會出汗，但是我的身體內在的感知，是一片光明，純潔無瑕，沒有重量的。

　　好了，今天我就給你們講的，就是這個最關鍵的一點：你的病，是你的潛意識「定義」出來的。真的，如果我今天不患這個新冠，我不知道這件事情的。我患了這個新冠了之後，從我檢測出來自己是新冠，然後經歷了24小時，真正新冠病人趴在床上爬不起來那種痛苦的，身心酸困的、呼吸困難的狀態；然後直到我把這種定義忘掉了之後，身體又瞬間恢復了那種沒有重量的，內在光明普照的這種輕盈的感覺。我只是在我的心靈深處，用學法的那種安寧，取代了被新冠概念定義後的，那種沉重的感受，僅僅是把這個「定義」給取掉了，一切症狀就同時取掉了。

我就突然間想起件事情來了。那是在我，多大年齡？中國過去有一本雜誌，叫《讀者文摘》，你們都看過，因為你們年齡都跟我差不多。《讀者文摘》當時是國內的幾本大雜誌其中之一嘛，當時我記得有《良友》《知音》《讀者文摘》，就這麼幾本大的。《讀者文摘》上面登了一個故事，我看這本書的時候，我大概十四歲，那是八幾年的事情了。

有一個美國的醫學博士，他後來到非洲啊，去探索，探險。他本身是醫學博士出身，後來他改變他的職業，成為一個記者了，他作為一個記者的身分，到非洲的草原部落裡面去探險，去了解那個部落的風俗。他跟那個部落的那些人生活在一起，在非洲。大概他整個過程經歷了三年時間吧，他積累了大量的筆記。他回美國之後呢，出版了一本書，其中有一段故事，是他自己親身經歷的。

他跟隨部落的這些人啊，穿越那個非洲草原的時候，他部落裡面有一個男性——成年男性，在追逐獵物的時候摔倒了，可能是被什麼石頭啊，木頭椿子給絆倒了。腿呢，他

那個小腿骨，碰到了一塊岩石，直接就開裂了，就腿一下斷開了，那個骨頭尖子呀——骨頭茬就穿破他的皮膚，露出來了。你們可以想像，就骨折了嘛，骨折了之後，那個骨頭，穿過他的皮膚，直接從小腿中間就穿出來了。

然後他們部落隨行的，有一個部落的巫師，然後就給當事人，就給骨折那個男性去包紮。用了一些他們在附近找的草藥，用了一些他們部落裡面女性，就剛來月經的女性的那個月經，混合在一起，然後用一種他們所說的那種蘸了油膏的繃帶啊，把那個腿包紮起來了。然後呢，那個巫師就坐在那個病人的旁邊，然後用手撫摸著他的頭，他的額頭，給他念經，給他祈禱。

然後書上記載的是，具體的時間我忘了，是三天時間，還是一週，不會超過一週時間的，等這個記者再次看到這個人的時候，看到骨折這個人的時候，這個人已經健步如飛了，就滿地跑了。他腿上呢，完全看不出來有骨折的痕跡。

他很驚訝，他說，這個絕無可能的事。你知道，絕對沒可能的事情，在西方醫學上來說，絕對沒可能的事，爲什麼呢？傷筋動骨一百天啊，得三個月。我們知道人的傷口癒合呀，就說是破壞了之後，流血了，癒合，72小時，就三天時間，不要說骨頭了呢。

你癒合了之後還應該有疤吧，他說，他在看那個人的腿的時候，他能看到表面上有曾經破過的痕跡，但是那個就好像不可能是那種重創，他就是表面上有一些被癒合了的痕跡，僅此而已。確定是這個人，確定他受了傷，確定他是骨折，確定骨頭穿過皮膚出來了，但是確定他現在完好如初了，就是用了三天，還是一週。

然後他就非常非常地震驚，他就去問這個巫師，他說：這是怎麼回事？那個巫師就笑著給他說，他說：這個人的骨頭啊，骨折了，那是因爲他的肌肉細胞啊，他的骨頭的細胞啊，受到驚嚇了。他忘了他原本的那種生命的狀態，他表現出來驚恐的樣子，就是骨折。我所做的事情呢，只是讓他的

細胞回憶起來，他原有的那種安寧的狀態，他不再保有這種驚訝的狀態，那麼他的肌體就康復了。

這個事情對於我的震動特別大，你知道嗎？我為什麼到今天，修行過程當中，我還經常會想起來這件事情呢，因為他說的是實相啊，他說的是實相，真相。你們知道，因為我這邊生活了十幾年了，因為工作的原因啊，我身邊接觸的百分之九十都是科學家，都是各個大學的教授，這些教授呢，都不是那種教課的教授，都是那種有自己實驗室的科學家，就是tenure，終身制教授。

他們有很多人，大概我認識有七八個人，他們都是跟藥廠合作的，他們都是跟大藥廠合作。他們告訴我，他們給我提供了一組數據，就是我問他們，他們研究出來的新藥，對人的治癒率到底有多大的用處。因為都是非常熟悉的朋友嘛，他們也不瞞著我。

他說，對藥物的監管非常嚴格，就從你臨床研究，然

後到用到病人身上啊，每一期要經過多少年的檢驗。其中有一個雙盲試驗，就說是：我生產出來這個藥，比如說可以治新冠啊，然後分爲幾組人，其中一組，這10個人裡面，5個人是用我的新藥，5個人呢，是用的安慰劑，就是麵粉做成的藥，裡面什麼藥的成分都沒有，然後說，這是特效藥，你吃。安慰劑治好的病人，跟我藥治好的病人，基本上是一樣的。

你們都想像不到，不可思議吧？安慰劑——完全沒有任何藥效的那種用麵粉製成的藥丸，可以把新冠治癒了——我就跟你舉個例子啊。這種例子稱爲雙盲試驗，這種安慰劑治好人的例子，在所有的藥檢裡面，占20%。就10個人裡面，可能有5個人是被眞正的藥治好的，還有兩個是自癒的，這兩個是被安慰劑「治好」的。

安慰劑是沒有客觀上的任何的藥物成分，它爲什麼能治好病呢？因爲吃藥的人給自己「定義」了，我定義了，「這個藥是能夠治好我的病的」，明白嗎？這個就像是我定義

了，「我患了新冠」，然後瞬間我的潛意識，就將對於應該符合新冠的狀態，他們就全部就給我兌出來了；如果我不定義，他們沒有理由給我兌上一堆的狀態，你知道嗎？

我的潛意識，那些思量心和習氣不是我，他們是構成我這個人格意識的基礎，可是我不是人格意識，我也不是思量心，我是已經超出了思量心的，那種生命本質的靈性。我能看到他們，但是因為我畢竟現在還……就說我在他們之中，我能看到他們，我不被他們所帶動，但是我會被他們集體所淹沒，就他們一旦要是形成了，他們可以聚集的理由，他們就會形成境界，而把我就淹掉了，你知道吧？

所以為什麼我平常，我的心和意識不能相續的呢？我平常就是處在一個吃吃玩玩、閒閒逛逛的狀態，不斷地聽著法，目的就是讓我自己處在知覺的靈性的狀態，而不讓我的習氣和細念的認知，與意識結合起來。他們結合起來，我就被掩蓋了；我甦醒了，他們就會被我的光芒所淨化的，這個就是此消彼長的過程。

愛是唯一不變的答案，永恆的終極答案

我跟你們講的是什麼意思呢？安慰劑都能夠治好一般的普通的病人，那麼更何況跟我修行的這些人呢。未來的人啊，我的學生也好，還是聽到我今天講這堂法的人也好，無論醫院給你定了什麼樣的「罪名」，我告訴你啊，醫院真的治不了你的。

　　我身邊的這些科學家，哪一個不是哈佛、耶魯出來的博士啊？哪一個都是，任何一個都是啊，最差最差也是普林斯頓出來的呀。他們所有人談到在臨終的時候，都是不進行搶救的，他們都是簽了字的，絕對不進行，不到西醫去搶救，不插管子。因為他們就是從裡面出來的，你們插的管子都是人家研究出來，他們知道能幹什麼。不要過度治療，千萬不要過度治療。

　　醫院定了你的絕症了——你是肺癌晚期、胃癌晚期、腎癌晚期、胰腺癌晚期、黑色素瘤晚期，都是絕症，治不了，這是醫院給你的定義。但是如果你要學我的法，你是我學生的話，忘掉這種定義！你只能選一個。

我鼓勵你去治療，積極配合治療，但是你要在心底裡面把這個定義忘掉，為什麼呢？那個醫院給你的定義，他不是神給你的定義。神給你的定義就是，你的生命不可能有病！有病的是你的身體，而且那個身體的病，他只是一種狀態，而是凡狀態，他就存在著一個改變的過程。

忘掉你的身體，忘掉你被醫院定義的各種各樣的絕症的詞彙，把你的心放到學法當中去，把你的心放到對真神的虔誠當中去，神的光明、神的溫暖、神的愛，會穿透你的自我，安撫你的靈魂。

愛是唯一不變的答案，永恆的終極答案

愛是靈丹妙藥

　　人體源於心靈，心靈源於靈性，靈性源於光，光源於愛，愛源於生命，生命源於存在，存在源於智慧，智慧源於清淨，清淨源於平安，平安是「祂」的心。

　　因此，心中甦醒愛的人，靈性就會甦醒，靈性甦醒之人，生命就會甦醒，愛之光能，就會修復肉體身心，身體細胞在靈性微觀層面上自我修復，人類的身體疾病，絕症癌症，就會奇蹟般康復。

　　愛，是靈丹妙藥。
　　因為有愛，靈與聖主同在。

重症康復

173

這些癌症去哪了啊？

問：僅僅學法幾個月的同學們，很多人身上的腫瘤消失了，這些癌症去哪了啊？

答：每天聽音頻，癌細胞會徹底根除。

長時間，大量的學法，聽音頻。

音頻蘊含著真神的光明，

靈性的光輝，諸佛的慈悲，諸神的智慧。

聲音蘊含的光明，可以滲透人體，穿透人心，淨化靈魂，喚醒靈性。

靈性的甦醒，可以超越生死。

靈性甦醒的過程中，首先是細胞內生命信息的復甦。

生命在信息層次的復甦，信息就會回憶起生命本身的永恆性。

愛是唯一不變的答案，永恆的終極答案

174

永恆性就會通過信息，呈現光明與愛的溫暖。

細胞內的靈性就可以，在生命信息的微觀時空中，舒緩癌細胞，融化癌細胞，分解癌細胞，清澈癌細胞。

這是必定的事情，也是修行者絕對確定，保證可以完成的事情。

癌細胞屬於三界下層眾生的累世情緒與惡念因緣兌現，屬於魔性的信息。

而修行者親誦的音頻，源於聖賢清澄的智慧，融合了生命原始靈性的光輝。

聽錄音就等同於，神性對魔性的淨化與超度，等同於微觀宇宙中光明驅散黑暗。

等同於神之愛在生命本源之中安撫恐懼，等同於靈魂在真神的光輝中被愛救贖。

真神的境界可以托著靈魂橫渡生死，更何況是這類區區人間疾病？

重症康復

175

癌細胞不可怕，真正可怕的是，靈魂不認識真理。

若靈魂認出了真理，在神聖的聖殿之中，沒有什麼是「不可能」發生的。

真理，本身就是奇蹟。

愛是唯一不變的答案，永恆的終極答案

案例
眼瞎復明

　　2018年清明節第二天，早上起來做飯時，我突然發現左眼前一片漆黑，恐懼一下子湧到了頭頂。我大喊了一聲，二女兒、二女婿、妹妹全都從臥室跑出來了，焦慮地問我怎麼了。我說：「我左眼什麼都看不見了，你們在哪兒？我看不到你們了！」五雷轟頂，渾身癱軟，極度恐慌之下，感覺自己口齒都不清了。怎麼辦？怎麼辦呀？

　　趕快去到醫院，主治醫生讓我住院。我當時心想：我的老天爺啊，你為什麼非得讓我眼瞎了？好好一個大活人，變成了廢人！

　　六神無主之下，我問醫生如果住院接受治療，眼睛能恢復到什麼程度。醫生也很實在地告訴我：「你這個情況，我之前坐診期間只遇到過一次，算上你才兩次，你得的是眼

重症康復

177

底出血，很嚴重。第一個人其實我也沒有給他治好，對你來說，住院總比在家裡強，但是，我不保證能治好。」我一聽，就說：「大夫，我不住院了，醫院治不好，我在醫院裡待著幹什麼？」大夫說：「你可眞犟！」

第二天，在家人的堅持下，到了上級醫院濰坊眼科醫院，掛了個專家號，檢查結果和前一家醫院一模一樣，只不過多提供了一種治療方案：有一種針，往眼睛裡注射，一針是5000元，這個藥針必須同時給兩個患者用，如果沒有另一個患者，需要住院等待患者出現。

我聽完，焦急地詢問：「大夫，我打上這2500元錢的針，就能保證好嗎？」大夫說：「不能保證，只能在注射後看情況再說，不行的話，還得繼續注射。」家人聽後，都傻眼了，這治療方案危險性太高了！當時的我，五味雜陳，頭腦中只有一個聲音：完了完了，兩家醫院都判了死刑，不僅左眼沒救了，甚至於還會對右眼產生危害……

家人也沒了主意，憂慮和急切猶如黑霧壓頂，讓人近乎窒息。醫生在邊上一直催問是否辦理住院手續，此時，我感到有一個聲音從心底浮現：佛法是大藥王，依靠我，我給你未來！

這句話，讓我瞬間充滿了力量！我當下決定，瞎眼不治了，我要回家自療，一切的擔心、恐懼、害怕都沒有用，虔誠於真理才是我唯一的選擇！

跨出醫院大門，我們就迫不及待去和弟弟及當地一位師兄見面。師兄款待了我們，師兄和我弟弟列舉了很多同修身上的神蹟事例，比如某師兄的xx病好了，比如某師兄的xx癌症消失了，師兄一再說：真理是大藥王！只要相信上師，奇蹟一定會出現！

交流了一下午，我信心大增。女兒不放心，還是建議我回醫院治療，我給大女兒說：「媽媽哪也不去了，我不是還有一個右眼好好的嗎，你們好好上班吧，放心吧，我要心

療！」

　　就這樣，我不再焦慮，而是靜下心來系統學習真理。老師講：「如果我們的心靈覺知，信受緣起性空，身心如幻，因果輪迴，果報不爽的標準，在受難的當下，你的心，無有恐懼，無有憤怒，你心裡知道，一切罪過、苦難、災難、衝突，皆是前世的業，今生在償還。」

　　無論任何情況，老師告訴我：「接納，接納他！他是你過去的自己，就算他想把我殺掉，你告訴他，你來殺我吧，我願意承受你對我的這種傷害。接納他，擁抱他，告訴他我愛你，我理解你。去用你內心裡面開放的心去擁抱他，他就會慢慢融解。」

　　老師說：「修行就是認識內心的過程！修行就是勇敢地、真實地、如實地、直接地面對內心的煩惱和錯誤，這就是修行了。把煩惱、錯誤展現出來，懺悔、曝光，柔軟他，釋放他，讓他融化在內心的愛和寬恕當中，煩惱融化了，認

識煩惱的覺受也就融化了。」

通過系統地學法，我認識到，所有病業都來源於累劫無明而犯下的無邊罪業。因此，我每天學法、懺悔、寬恕，去愛我所有的冤親債主，請求我傷害過的冤親債主的原諒與寬恕！我願把所學的福報功德回向給，導致我瞎眼的這些冤親債主！

老師講：「大量學法，奇蹟就在虔誠心中，逐步綻放。」「苦中無我，唯有真理慈悲。」

老師講：「我們要先勇敢地直視自己的心，真實地面對自己的心，在一切境界生起的時候，你去體察那個喜怒哀樂背後深藏著的對於自我某一個利益的維護：維護我的面子，維護我的虛榮，維護我的慾望，維護我的感受，還是維護我的某一種失去自我存在的恐懼感。找到這個維護，去接納它，擁抱它，寬恕它，直視它，直到它慢慢消融的時候，你會發現外面的這個對境，這個感受，這個黑霧，這個恐懼，

這個難過，這種傷心痛苦喜悅的覺受和情緒，就像沒有根的天空當中的雲彩一樣消散了。」

　　老師講，總而言之，一句話，萬法唯心造，認識了心，就認識了唯一的佛。

天堂是可以痊癒生命的，因為一切生命信息的源頭，都源於靈性天堂的光明。

愛是唯一不變的答案，永恆的終極答案

就這樣日復一日，也曾出現過焦慮不安的狀態，但是從未懷疑過老師教法。不管懈怠，還是懶散，總能以眞理去衡量自己的言行。

不間斷地精進修行了大半年後，突然有一天，我發現左眼好像能看到東西了，我立馬捂住右眼——看到了桌子，看到了人！我的左眼奇蹟般地復明了！

眞理眞的是大藥王！奇蹟在我身上淋漓盡致地展現出來了，我受益了，全家人都感到太不可思議！

重症康復

乳腺癌完全康復

　　我是一個乳腺癌的患者，今年60歲。2018年做的手術，因化療後得了焦慮症，記憶力減退，睡不著覺，頭髮一根不剩，被病魔折磨成鬼樣，生不如死。為了好病，去念佛，念佛不見效果，就去看大仙，去算卦，越折騰越無效。行屍走肉般地活著。

　　真是禍不單行啊，姑娘三十來歲才結婚，出月子後就離婚了，姑爺在外地工作，也不給孩子拿錢，姑娘也得了抑鬱症，我知道姑娘壓力大、沒工作，小孩吃奶粉，我還吃藥，太痛苦，太難熬了！

　　屋漏偏逢連夜雨，這時我丈夫這邊也出事了，由於個人維權涉及司法糾紛，被拘留半年，並判處有期徒刑一年半，緩刑三年，三年內不離本地。細節不提了，但我們自身覺得

愛是唯一不變的答案，永恆的終極答案

特別特別委屈，這都怎麼了，我真是欲哭無淚，為什麼，為什麼呀？！我開始找律師諮詢，花費了一萬多諮詢費，諮詢的結果也是申訴無望，聽到這消息我馬上就崩潰了，癱倒在地了，病情加重，叫天天不應、叫地地不靈啊，我的老天爺，為什麼會這樣……從此就開始嗔恨生氣報怨，這還能讓人活下去嗎？

一天，糊里糊塗去了某師兄家，師兄說：我半年前給你的一本《夢》你為什麼不看？想活只有回家抄《夢》、背《夢》，如果你不學老師的教法，你肯定是腦痴呆，誰能救你？你學吧，用不上10天，你丈夫肯定出來。

就這幾句話終於和老師結上了緣。這樣開始抄《夢》，一個字一個字地看，寫一個抄一個太費勁了，抄半小時後手指骨頭節痛得伸不開，聽老師音頻，連續幾天後心情一下子就敞亮了，鬱悶的心頓感消散，頭腦慢慢地清醒了，神奇了！丈夫真的一個禮拜就出來了，真的不到10天！

在老師看護下，一個月之後手指頭也好了，心也平靜多了，充滿喜悅和快樂。通過不斷抄法，不知啥時候焦慮症也不見了，不再緊張和恐懼了，身體一點點恢復了，醫院讓每半年做一次檢查，去年到現在我也沒檢查了，有一年半了，現在癌症的症狀一點也沒有了！我感到太不可思議了，太神奇了！

姑娘也找到了一份工作，每天快樂無比。丈夫也越來越快樂，以前印堂像黑鍋底，整天都罵罵咧咧的，天天想殺人，現在天天都笑呵呵，像換了一個人，支持我抄法。我們全家上演「大變活人」！這都是家裡放老師的音頻的原因，我說的都是真心話，如果沒有老師的慈悲加持，我們一家都在地獄苦海裡呀！

我無法報答老師的大慈大悲，只能每天泡在法裡，死在法裡，不離真理，生生世世跟隨我的老師，不離不棄，生死都是聖父的孩子。

愛是唯一不變的答案，永恆的終極答案

老師：

以後這類神蹟，會普遍性地出現，因為八地菩薩進階為九地菩薩的過程，就是「祂」的神聖，開始降臨人間，慈悲救贖靈魂的過程。

學法的靈魂，只要是虔誠貞潔的靈魂，必定會受到「祂」的慈悲看護，凡間的鬼魂蒙受到「祂」的救贖，若此人身上不出現神蹟，才是真正的不可思議。

神蹟，才是生命正常的狀態。
死亡，是不正常的生命狀態。

重症康復

十年以上的腫瘤縮小了一半

　　神蹟終於在我身上發生了，當我拿到醫院覆查CT報告的時候，我看到跟隨我十年以上的腫瘤縮小了一半，有驚訝，但同時又覺得是必然的，因爲我打心底裡相信，一切的問題都是因爲學法不夠，只要跟隨恩師一直學法，沒有解決不了的問題，或早或晚，總有這麼一天，神蹟一定會發生，只是沒想到會發生得這麼快而已。可能是最近恩師提升得快，我們也跟著受恩惠了！

　　來說一下我的經歷吧。

　　我本命年36歲那年，因爲身體不適，全身黃腫，皮膚發癢，後來去做全身檢查，才知道是腹部長了腫瘤，把膽總管堵塞了，膽汁排不出去，所以就擴散到血管皮膚表面來，腫瘤在腹腔內向各個器官蔓延，做了膽囊切除術、十二指腸銜接術和部分胃部切除手術，但是腫瘤不敢切，因爲長在胰腺

後方。醫生說那個地方有很多動脈毛細血管，怕大出血。後來只是切了一些周邊就開始出血不止，在ICU病房24小時大量輸血，出ICU後，又因爲腹中有大量淤血排不出來，再次申請手術取出大量血塊，又進ICU，一邊輸血，一邊排血，身上插滿管子。

第三天聽到醫生說，再不止血就眞沒辦法了，不過好像第四天開始就有了止血的跡象，終於可以轉出ICU了，等到把最後一根管子拔完已經是幾個月後了。後來聽我丈夫說止血前的一晚命在旦夕，他不知道如何是好，那天晚上他合掌念了一晚上的「阿彌陀佛」，估計是誠心感動上天了。在接下來康復的幾個月裡，他天天念佛，有一次還看到了阿彌陀佛的金身，光芒四射充滿法喜。

因爲上次的手術沒有切掉腫瘤，只是解了燃眉之急，只要腫瘤繼續生長，我就有生命危險，就像揹了個定時炸彈。醫生建議做化療，我不願意，也沒吃藥，更不想再次手術，只能聽天由命。每隔一段時間去覆查，幸好多年來諸佛保佑

沒有多少變化，在最近一年多以來，都是聽老師的法沒有間斷，因為我頸椎不好，很少抄法，生活中能擠出來的時間都是用來聽法、看法。

　　慢慢地，我發現自己極少極少做惡夢，病發之前那是經常做惡夢，不敢睡的情況都有。漸漸地我發現，我聽法、讀經，或是打坐的時候，心輪的整塊很暖和很熱，然後又很清涼。受到別人誤解和批判辱罵的時候，也能抽出心來覺察，情緒波動也不大，可以說沒有多大感覺。

　　我還有個自己的修行方法，就是經常把自己的心當成臨在，覺察一切感受、體驗、意識、思維，隨時隨地，就像一個看電影的人，跳進了電影屏幕的世界裡暢遊，身臨其境，我就是看電影的人，我不屬於這個世界，我是來體驗生活的，我只是忘了我是誰。每當我感覺心情不好的時候，我就靜靜地觀察我的內在的自我維護，在一次次對真理的選擇中，我發現我的心情越來越平和了。

愛是唯一不變的答案，永恆的終極答案

下面是我最近兩次做CT的文字報告前後對比：

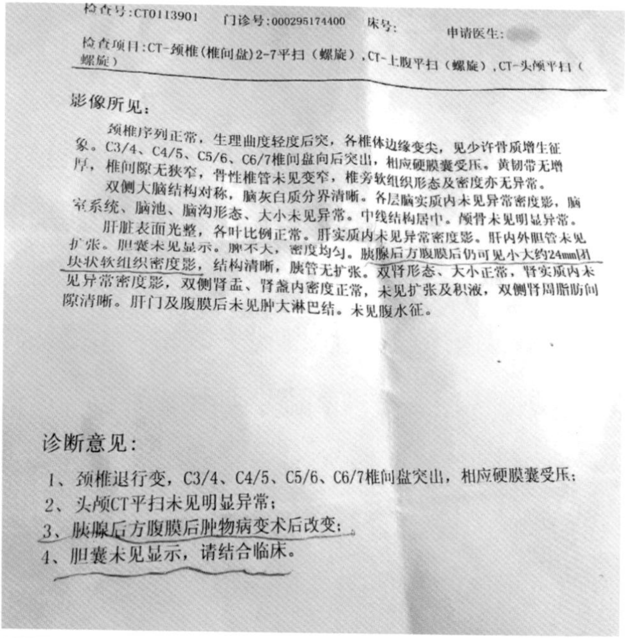

检查号:CT0113901　门诊号:000295174400　床号:　申请医生:

检查项目:CT-颈椎(椎间盘)2-7平扫(螺旋),CT-上腹平扫(螺旋),CT-头颅平扫(螺旋)

影像所见:

颈椎序列正常，生理曲度轻度后突，各椎体边缘变尖，见少许骨质增生征象。C3/4、C4/5、C5/6、C6/7椎间盘向后突出，相应硬膜囊受压。黄韧带无增厚，椎间隙无狭窄，骨性椎管未见变窄，椎旁软组织形态及密度亦无异常。

双侧大脑结构对称，脑灰白质分界清晰。各层脑实质内未见异常密度影，脑室系统、脑池、脑沟形态、大小未见异常。中线结构居中。颅骨未见明显异常。

肝脏表面光整，各叶比例正常。肝实质内未见异常密度影。肝内外胆管未见扩张。胆囊未见显示。脾不大，密度均匀。胰腺后方腹膜后仍可见小大约24mm团块状软组织密度影，结构清晰，胰管无扩张。双肾形态、大小正常，肾实质内未见异常密度影，双侧肾盂、肾盏内密度正常，未见扩张及积液，双侧肾周脂肪间隙清晰。肝门及腹膜后未见肿大淋巴结。未见腹水征。

诊断意见:

1、颈椎退行变，C3/4、C4/5、C5/6、C6/7椎间盘突出，相应硬膜囊受压；
2、头颅CT平扫未见明显异常；
3、胰腺后方腹膜后肿物病变术后改变；
4、胆囊未见显示，请结合临床。

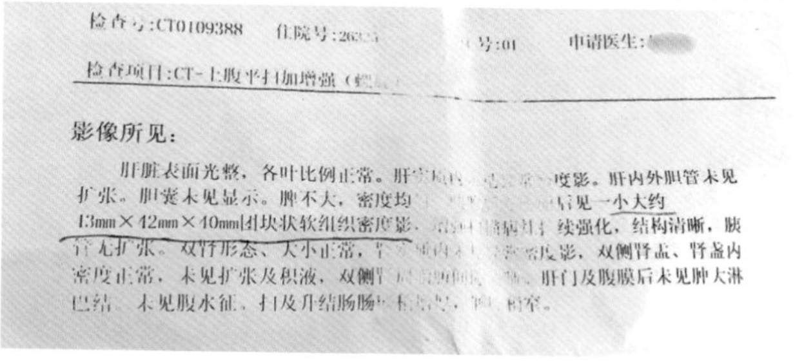

检查号:CT0109388　住院号:263[illegible]　[illegible]号:01　申请医生:

检查项目:CT-上腹平扫加增强(螺[illegible]

影像所见:

肝脏表面光整，各叶比例正常。肝[illegible]度影。肝内外胆管未见扩张。胆囊未见显示。脾不大，密度均[illegible]后见一小大约43mm×42mm×40mm团块状软组织密度影，[illegible]续强化，结构清晰，胰管无扩张。双肾形态、大小正常，[illegible]密度影，双侧肾盂、肾盏内密度正常，未见扩张及积液，双侧[illegible]。肝门及腹膜后未见肿大淋巴结。未见腹水征。扫及升结肠肠[illegible]窄。

老師：在天堂的永恆光明中，神蹟是隨時發生的，因爲眞理就是神。

癱瘓老人重新站立

我是W某，男，71歲，家住在陝西省西安市雁塔區。

自從2020年3月分開始，因辟穀失敗和不當的治療，導致我脾胃極度損傷，極度虛寒和虛弱，元氣大傷，心臟供血不足，血壓經常升高，失眠，心悸、心慌，出虛汗，渾身沒勁，怕冷，手腳風濕性關節炎等病魔纏身。最後致使我癱瘓在床不能自理，不能吃其他的食物，整天只能喝粉碎機打的糊糊，也不能吃任何菜。不能看手機、電視，別人打電話和說話我都受不了。

自從2021年8月H師兄快遞給了我老師的《夢》《生死河》《覺性》（2016—2021）等法本和小播放器，我就如獲至寶。H師兄還指導我如何學法，我就按照H師兄的指導，每天聽播放器播放老師親誦的《道路》《夢》，所

有的從第一個文件開始聽，一直聽完一遍，之後就反覆聽《夢》、背《夢》、抄《夢》、懺悔，H師兄指導我要多懺悔，我就每天跟著老師親誦的音頻懺悔，堅持不斷懺悔，懺悔，懺悔，就這樣逐漸增加聽法和抄法時間，有時候還能堅持抄法一天四個小時左右。

過了大概半年，遇到D師兄的修行佛法分享，聽D師兄說，最好整個夜裡睡覺也不停地聽法，把聲音放到最小。所以自從聽了D師兄的分享後，我每天晚上睡覺就放著老師親誦的《夢》。在這裡也非常感恩D師兄的分享。

說來也奇怪，以前不管家人和外人，只要有聲音，不管說話、開電視、打電話，我都受不了。可就是聽播放器中播放老師親誦的《夢》等音頻，我的心不煩躁，也不難受。我每天從聽一個小時法、抄半小時開始，以後就逐漸增加到每天聽兩個小時，抄《夢》一個小時，現在能堅持抄法4小時左右。

重症康復

學老師的法以來，我身體就逐漸開始好轉，慢慢恢復。到現在我已經基本上能夠正常吃飯了，也能吃菜了，能扶著輪椅下樓鍛鍊了，每天都能扶著輪椅走一千步以上了。

　　今年夏天我就開始不坐輪椅了，輪椅當扶手走路。從上個月開始在家裡不用扶輪椅了，在家裡拄著枴杖就可以走路了，有的時候還能替老伴刷碗、掃地和擇菜等，幹家務活了。這麼大的身體康復速度真是不可思議。如果不學老師的法，我早就見閻王了。

　　沒想到一個快死的癱瘓在床的病人，竟然站了起來，還能走路，幹一點家務活了。
　　這都是學老師法的加持力的恩德呀！願天下所有的人都得到恩師的救贖！

病重期間和學法之前的照片：

學法一年以後康復的照片：

重症康復

40年的頑疾頭痛好了

自從老師的《感應》講法發布後，一天24小時聽著，老師現在的講法一定比以前的講法加持力更大，連續聽了十天，有兩個明顯改變：

1.折磨我近四十年的頑疾頭痛，竟然好了！我12歲得病，什麼治療方法都不管用，止痛藥大把大把吃，同事說我止痛藥成癮，可是這幾天不痛了，止痛藥也想不起來吃了！聽《感應》三天就不痛了，剛開始我不怎麼相信，是真的嗎？可是頭部的體驗是從來沒有過的清涼！現在六七天了，不吃藥，不痛了，這是從來沒有過的，是真的！

2.那個輕盈、快樂、無憂、陽光的我占主導地位，雖然人格習氣時不時張牙舞爪跳出來冒犯幾下，但是越來越弱，成不了氣候！就如同兩個人，一個正氣滿滿、陽光快樂，另

愛是唯一不變的答案，永恆的終極答案

一個負能量極多！每一次見到這個負能量都還來不及體驗，
就被正氣滿滿、陽光快樂的一面消融了！

不可思議！眼淚都止不住流，震撼，感動！

獲得了神的祝福與愛，獲得了光明的溫暖與淨化了之後，那麼你身體上
的痛苦啊，隨著你對於痛苦記憶的這種釋懷，你身體上痛苦的症狀啊，
真的有可能，一天比一天輕，直至痊癒的。

重症康復

約10公分的卵巢囊腫消失了

臨床檢查時，B超醫生不敢相信我3年前有一個10公分的卵巢囊腫，並說：「不動手術很難消失的。」我說：「可以查，之前也是這裡檢查過的，不信，可以查歷史記錄。」

她查了一下電腦，確定之前檢查出有9.6公分大的卵巢囊腫，問我：「怎麼辦到的？」我說：「我學佛法啊，心性變好了，法義清洗的結果，卵巢囊腫自然消失了，學佛法開心！」

為了佐證單純學習了恩師的虔誠法、寬恕法的前後變化，給後學的同學增加學法的信心，我不怕隱私曝光，直接上B超報告圖！

愛是唯一不變的答案，永恆的終極答案

家族的人知道我有20年長跑的習慣，但運動也並不能改善卵巢囊腫，我也沒動過切除手術，唯一的解釋，就是學恩師的法的神蹟顯現。

　　這些B超報告，實際上是給我家族那些不信佛法，不信恩師的法義的有力證明。

　　附圖是這些年的B超報告（按時間順序）：

东莞市东城社区卫生服务中心

医学影像报告单

姓名：	性别：女	年龄：52岁	检查号：191004018
科别：	仪器：日立	检查部位：经阴道：子宫附件	

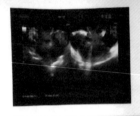 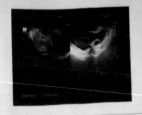

超声所见：

子宫前位，体积大小，形态正常，浆膜线欠光滑，肌壁回声不均匀，于前壁肌壁间可见一个大小为14×9mm低回声区，边界清晰，形态规则，内部回声分布不均匀。内膜厚9mm，居中。宫颈处可见一个大小为13×9mm无回声，透声好，后方回声增强。

左附件处可探及一个大小约96X47mm无回声区，内透声好，壁薄光滑，后壁回声增强。CDFI：周边及其内未见彩色血流信号。

右附件未见明显异常回声。

超声提示：

左侧附件囊性包块
子宫前壁低回声区，考虑肌瘤
宫颈纳氏囊肿

会诊医生：	检查医生：	检查时间：2019-10-04 11:21:03

2019年：左侧卵巢囊腫96x47mm，子宫肌瘤14×9mm

愛是唯一不變的答案，永恆的終極答案

超声号:73733824
门诊号:0006905457

姓名		性别	女	年龄	54岁	科别	中心门诊妇科	床号	

检查项目,[经腹及经阴道检查:子宫附件,胸腺彩超,]

 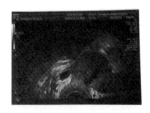

超声所见,
子宫前位,形态规则,大小51mm×52mm×43mm(上下径×左右径×前后径),肌层回声不均匀,前壁见一低回声团,大小约12mm×8mm,边界清,内回声均匀,CDFI,内未见血流信号。内膜居中,厚约7mm。宫颈内见一个无回声区,大小约7mm×5mm,边界清,透声好,后方回声增强。
双侧卵巢可显示,双侧附件区未见明显包块回声。
盆腔未探及游离液性暗区。

超声提示,
子宫实性占位,考虑子宫肌瘤(肌壁间)可能。
宫颈囊肿。
双侧附件区未见明显异常。

诊断日期:2021-02-21 09:41:51   报告医师:

(本提示仅作为临床诊断的参考依据之一)

2021年:卵巢囊腫消失,子宮肌瘤12x8mm(發過朋友圈,有人質疑小醫院的檢查水平,特意到全市最有權威的醫院補做檢查)

重症康復

东莞市东城社区卫生服务中心

医学影像报告单

姓名：	性别：女	年龄：56岁	检查号：191004018
科别：	仪器：日立	检查部位：经阴道：子宫附件	

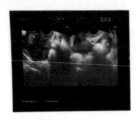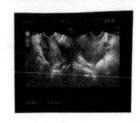

超声所见：

　　子宫后位，体积大小，形态正常，浆膜线欠光滑，肌壁回声不均匀，于肌壁间可见一个低回声区，较大者约为10×5mm，边界清晰，形态规则，内部回声分布不均匀。CDFI周边及其内未见彩色血流信号显示。内膜显示不清。

　　双侧附件区未见明显异常回声。

超声提示：

　　子宫体积缩小，符合绝经后子宫改变

　　子宫肌壁低回声区，考虑肌瘤

会诊医生：	检查医生：	检查时间：2023-10-17 16:20:23

温馨提示：此报告仅供临床参考，不做其他用途。

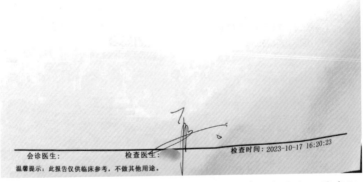

2023年：卵巢囊腫消失，子宮肌瘤10x5mm（子宮縮小，子宮肌瘤可忽略）

愛是唯一不變的答案，永恆的終極答案

202

愛的重生

先寬恕被傷害的你自己

比如說是你現在見到了你的仇人。咱們人認為的仇人一定是你認識的人，外界的人的話，得罪你了之後那個算不上仇人的，那個只是一個小矛盾而已，寬恕一下就過去了。一個仇人一定是，你認識的人，跟你熟知的人，跟你有過交往的人。

你想起他的時候，哪怕他不在你身邊，你內心都會憤憤不平，升起來這種憤怒、咬牙切齒的這種體驗，耿耿於懷，憤憤不平。這個時候，你一定要找到，你內心對他憤憤不平那個背後的動機——為什麼，你為什麼要對這個人憤恨？你會列出一大堆理由來，他蠻橫不講理，他自私，他惡毒。

記住了啊，這個時候就是你踐行我寬恕法門的時候。外界這個人並不存在，他現在不在你眼前，你現在存在的，只是你內心對他的記憶，記憶背後一定有認知，認知背後一定

有企圖，沒有企圖的話，認知是不會形成的。這個背後的企圖是什麼東西呢？這個認知背後的企圖啊，一定一定一定，是對你認知自我的維護。

因為他無理，他傷害了我的自尊；因為他貪婪，他傷害了我的利益；因為他惡毒，他傷害了我的道德價值觀；因為他的無恥和兇殘，他傷害了我的人格的，所確認的這個人生態度的這種價值。所以說，他才在我心目當中，形成了一個惡毒、自私、無恥、兇殘的一個具體的人的相貌。而這個相貌實際上是，我的人格所投射出來的一個對比的記憶。

如果我的人格裡面，沒有對於道德觀的記憶，我不知道他是否無恥。我的人格裡面如果沒有一個對自我維護的恐懼，我不知道他的言行，他的這種目的是傷害我的。因為我沒有自我概念的時候，我不知道任何人的行為是針對我的，你知道嗎？

我手裡面拿了個冰淇淋，我想去吃它，我才會意識到，

過來這個人，是不是想要搶我手裡面的冰淇淋，你知道嗎？如果我的手是空的，什麼都沒有拿，對面來的人的話，我是不知道他要幹什麼的。

　　你們能明白這個意思嗎？就說是我心底裡面的敵人，一定是我心識對自我維護而投射出來的一個對境而已。如果我內心裡面，沒有對自我利益價值和自我感受的維護，外界就沒有一個傷害得了我的人，也沒有一個對於傷害我這個人的刻骨的記憶。

　　所以說我應該寬恕的，是我內心對這個傷害我的人的認知。換句話說，你要寬恕你自己，寬恕被這個人所恐嚇的、傷害的，你的痛苦的情感，並且將你的內心的這種痛苦啊，將他交付於天堂。他是屬於天堂的，他是安全的，沒有人能夠奪得走你真正的生命，人們奪走的，只是在幻境空間當中，前緣後續，在今生兌現的一個境界而已。

　　你們所見的一切都是境界，所感受的一切，所體驗的一

愛是唯一不變的答案，永恆的終極答案

切，都是你的思量心和習氣形成的境界而已。因為有境界，才會有境界當中，固守境界的自我，因為有自我，才會有一個試圖傷害你的仇敵。

所以一定要在這個境界升起來的時候，去返觀內視你維護自我的那個恐懼感，並且將他擁入懷中。「上主愛你，你是被上主愛著的，你是安全的，上主愛著你」，反覆給自己說這句話。然後給自己內心裡面，試圖傷害你，而且已經被他傷害得傷痕累累的自己說：「我寬恕你，我寬恕你，寬恕你。」

這時候你，如果你真的沒有力量去寬恕你內心裡面那個仇敵，你先寬恕那個被他傷害的你自己，去擁抱他，呵護他，體諒他，溫暖他，去愛著他，去將你傷痕累累、膽怯的那個自己，擁抱在你的信仰當中。你的信仰當中有神，而那個神是天堂的主人，祂是無限的光明、無盡的愛，祂是永恆的溫暖，和永垂不朽、未曾改變的生命。祂永遠無償地愛著你——祂過去愛著你，現在愛著你，未來依舊愛著你。在祂

的愛中，你是安全的。祂對你的愛是無條件的，沒有分別、沒有差異的接納。

學會這三句話：寬恕你，祝福你，我愛你

愛是唯一不變的答案，永恆的終極答案

你和愛是一體的，先去愛你自己，讓你的愛，讓天堂的生命的愛，讓那個光明無盡的溫暖，去呵護你內在被別人傷害的心。將你內在被別人傷害得傷痕累累的恐懼的那個心，那個緊縮的、痛苦的、恐懼的那個心，放在無窮無盡的光明的、純淨的愛當中。

　　那個愛，才是你真正的歸屬；那個愛，才是你生命的本來；那個愛，是上主對於你無條件的接納，無窮盡的呵護與擁抱。讓你的心在上主的溫暖和光明的愛中休息。直到你的心靈在愛的溫暖當中，在絕對的安全的溫柔當中，甦醒了那健康和純淨的笑容的時候，你就有力量去寬恕，你內在對那個仇敵的記憶了。然後你對他說「我寬恕你，我原諒你」，說一萬遍。

愛的重生

眞正的愛是源自於靈魂的無私

　　愛，他不是一種表現，愛是一種狀態。那麼我跟你們說一個感受啊，你們每一個人，對人生，對自我，對自我所經歷的人生都是有體驗的，都是有體驗的記憶的。你們有沒有感受過呀，就說是你去愛一個人的時候，那種心裡面升起來的那種幸福甜蜜，那種輕盈的、純潔的感受。

　　這種感受的話，你去愛你孩子的時候，會有。你抱著你新生的女兒和兒子的時候，內心裡面泛起來那種無條件地爲他付出，去承擔他的一切，那種心願，那種心願裡面沒有愛情的那種波動，但是他卻是更深邃的，發自於你靈魂和生命本質的一種接納。

　　還有你去愛你的父母，或者想去報答你恩人的時候那種愛，你心存感激，心存無條件地去爲他付出，爲他赴湯蹈火，爲他肝腦塗地，粉身碎骨，在所不惜，沒有怨言的那種

愛是唯一不變的答案，永恆的終極答案

210

願望，這個也是愛。

還有另外一種愛，這種愛就是在你們人生當中，或多或少，都是你有意識或者無意識當中，曾經經歷過的體驗，就是無償地幫助別人。

這個人你不認識，你看一個人摔倒了，然後他身上的這個，拿的這個蔬菜啊，滾落了一地，旁邊都車水馬龍，很危險。你奮不顧身地跑上去，你不顧及自己的安危，跑上去把他扶起來，並且幫他把地上的東西撿起來，幫他把衣服上的土打乾淨，然後把他攙扶到路邊坐下。

這個時候你內心裡面，沒有想過自己會被他訛上，自己會被車撞了，自己會不會有生命危險。你只是想一心一意地，單純地想幫助這個人脫離困境，幫他解決危險，但是卻不求任何回報，沒有任何自我保護的，這種下意識、無意識的舉動，這個也是愛。

愛的重生

以生命之中最純潔的愛，去祝福別人
以靈魂深處最純潔的無私，去寬恕別人
用心靈之中最溫暖的體諒，去接納別人

愛是唯一不變的答案，永恆的終極答案

這種愛給你帶來的，他不是情感的波動，這種愛給你帶來的，你們自己仔仔細細去回憶，在你無條件無償地去幫助別人，卻沒有任何索取，沒有任何自我保護的那種狀態的時候，你的內在，會有一種很欣喜的、很欣慰的安寧感，一種喜悅感。記住了，這種安寧和喜悅感，那是你靈魂的愛。

　　靈魂的愛，就是一個無所求的，沒有自我保護的付出，這種愛是接近於天堂的愛。愛的本質、愛的核心一定是無私，有私的談不上愛的。

　　今天我看到一個姑娘很漂亮，豐乳肥臀，長得一米七幾的個頭，皮膚白嫩得跟那個雞蛋清一樣，長得真是羞花閉月的。看了之後，人就恨不得想要升起犯罪的衝動來，你愛她愛得死去活來的，每天晚上，每天每天睡不著覺，安眠藥一把一把的，吃得都止不住對她的思念。那個不是愛，那個叫慾望。

當有一天呢，你看到這個女孩，跟另外一個男人在一起的時候，你心生妒恨，由愛生恨，恨不得把這個姑娘毀容了，恨不得把追求那個姑娘的那個男人給宰掉。這個不是愛，這個是人格的慾望。

真正的愛是不看名相的，真正的愛是脫離了名相的，真正的愛是源自於靈魂的無私，來自於那種無私的純潔。只有無私的純潔，才能喚起靈魂對天堂的記憶，而天堂的記憶，那就是無私的愛，純潔的愛，永恆的愛，無條件的愛。

愛，就是天堂。

愛是唯一不變的答案，永恆的終極答案

愛自己才能愛別人

學生：學生業障深重，內心缺乏愛和溫暖，請問老師，內心如何充滿愛和溫暖？

老師：去愛自己，寬恕自己，讓你的心靈，在愛之中甦醒溫暖與安寧，學習愛護自己，你才能去愛別人，愛是需要學習的，那就是體諒、理解、擁抱、溫暖、寬恕、付出、接納、柔軟。

愛的重生

愛的性質是信任，安全，無私，付出，快樂與安寧的分享，是沒有私心雜念的承擔，是無條件的擁抱，是發自內心溫暖純潔的接納。

愛是唯一不變的答案，永恆的終極答案

主是愛你的

學生：很感恩老師，我的瞋恨心比較重，自我維護的心比較重，以及恐懼心比較重，請老師開示。

老師：因為你今生所經歷的一切，都是你過去世的因緣所兌現的。因為你過去世是一個當管家的人，對於你曾經的下屬啊，那些傭工啊，丫鬟啊，僱工啊，很刻薄，所以今生的這些業它都會兌現出來。

我給你的修行沒有什麼特別好的建議，就是你要學會去愛自己。你內心太苦了，你內心我看到的是，泡在一灘苦水裡面，沒有任何時候你是獲得過幸福的，永遠都是被委屈、被指責、被冤枉、被辱罵、被無緣無故地訓斥否定，你已經形成習慣了，所以你內心裡面充滿了委屈與黑暗，充滿了這種不甘心，但是卻無可奈何的這種委屈、無奈感。

聖主是愛，聖主愛你

　　你要相信：「主是愛你的，聖主是愛你的。」所以你也
要像祂愛你一樣去愛自己，這個就是你人生的功課，好吧。
去愛自己，主是愛你的。你就記住我這句話就可以了：聖主
是愛你的，永遠都是愛你的，無論你做錯什麼，祂的愛永遠
都陪伴著你。

愛是唯一不變的答案，永恆的終極答案

你要在你的身心深處，找到祂的愛，那個就是你的修行，好吧，給你講多了之後沒有意義的。「聖主是愛你的！」好了，記住這句話就好了。

不離棄的愛，不消失的包容

每一次當你想要造反，揭竿而起的衝動背後，都是一顆失去愛的靈魂，在通過此類衝突，尋找缺失的安全感。

錯認為，激烈、狂暴、憤怒，是代表了力量，其實你的潛意識中最渴望的是，永恆不變，永不離棄的溫暖與安寧。

你真正想要的，只是「不離棄的愛，不消失的包容」，如果你的靈魂真的感受到深深的濃郁的愛，不變易的愛，你絕不會有性格鮮明的宣洩。

因為當靈魂不再孤單，不再恐懼，不再暗自神傷，當靈魂處於溫暖與安寧，當靈魂本身幸福且光明，你是無法體會到外界的醜惡與傷害的，即便你看到了不平的事情，看到了齷齪的現象，你的反應也是溫暖平和的，因為，真正的溫暖與愛，絕不可能被外界的現象所改變。

愛是唯一不變的答案，永恆的終極答案

220

被遺棄的我，從陰影走向光明

　　四歲父母離異，父母當著我的面說不要我，我每天沒完沒了地哭，爺爺好心一直撫養我，但卻在我小學五年級時去世了。之後住在奶奶家，奶奶對我非常苛刻又嫌棄，姑姑們也都尖酸刻薄地指責我。

　　媽媽改嫁後，只有週末能短暫相處。她性格暴躁易怒、精神分裂，經常會因為一點小事而突然間暴罵我，而且不准我哭。她只能關心我幾天，之後就會對我極度挑剔，充滿嫌棄和指責，喜怒無常地把我當成發洩情緒的工具。

　　我一直活在被拋棄的陰影裡，總覺得世界都拋棄了我，自責且自卑、脆弱，沒有面對現實的能力。指責、刻薄、驚恐的持續累積，三年前開始，連續經歷了幾重打擊，我徹底喪失了工作能力，內心完全封閉，每天只能躺在床上，什麼

都做不了，大部分時間神志不清，說不出話來，伴有厭食，腦海裡全都是身邊的人要傷害我的場景，極度地驚恐，怕受到傷害。

遇到真理以後，明白了缺愛、委屈、痛苦的不是我，外界也並沒有人傷害過我，一切從未發生過。所有的一切，都是因為遺忘了愛，遺忘了真正的自己，而沉淪在自我維護的恐懼中。

內心升起恐懼、嗔恨、絕望、驚恐時，認出他，對他說：你不是我，我寬恕你，我不再維護你，我只相信真神，不相信你，真神的心才是我的心，我把自己交給真神保護，不再自己保護自己。我愛你，寬恕你，我原諒你，我祝福你。

慢慢地，內心逐漸舒緩了，以一顆體諒、理解的心，去與內心的刻毒、陰冷、仇恨、自私等黑暗記憶溝通，用學法來清洗他們錯誤的觀念，聽法來舒緩他們的恐懼緊張。

愛是唯一不變的答案，永恆的終極答案

去用心靈深處的溫暖，去體諒原諒你的人格自我

　　持續踐行寬恕一年多的時間，我已經在家工作了，在眞
理中重新樹立了正確的價值觀，有安全感，情緒穩定。內心
已經可以接受現實，不再躲避，有心理承受能力。

愛的重生

現在經常有巨大的光明力量從後腦穿透身體，內心不再軟弱無力，充滿了力量，充滿了正能量，每天都感受到與真神同在，內心越來越舒緩安寧，常有溫暖和安全感相伴，有時會感受到極盡的幸福與無盡的滿足。

外在的世界只是薄薄的一張紙一樣，人類的世界乾癟沒有內涵，又不眞實；而那種極盡的幸福，卻尤爲眞實。

案例
喪偶的苦和痛，被愛與寬恕取代

回憶自己的大半生，底色就是苦和累。

今生最大的痛苦是老公的離世，那年他33歲，我30歲。1995年4月，老公查出肺癌，從此苦來了。老公是我的全部，愛他勝過一切，他倒了，我的天塌了。眼睜睜地看著他被病魔折磨，直至離去，我無能為力，只有無奈、無助、絕望和悲傷，心像貓咬著一樣痛，血一滴一滴地滴盡而死。

自己常常一個人，茫然地望著天，自言自語：「為什麼會這樣？明明好好的一個人，怎麼說沒就沒了呢？」就像做了一場夢，讓我難以接受。如果早晚都是死，那現在活著是為什麼？原來「永遠」是這麼短暫？原來在死亡面前錢真的沒有用！沒有人能給我回答。

愛的重生

老公走後，自己就成了一具行屍走肉，對生活失去了熱情，將所有的痛苦壓在心底，裝著堅強和兒子過了二十多年，苦和累的體驗一直伴隨著我。

經歷了生離死別，對「生病」和「死亡」充滿了深深的恐懼。怕身體生病，怕遭罪而死，更怕心靈的痛苦煎熬，想逃離到一個沒有痛苦的地方。這時遇到了邪教輪法，「永不吃苦，永保人身」的宣傳符合了當時的需求，緊緊抓住不敢撒手，以為找到了真理，哪知邪知見就這樣種下了，謗佛謗法，歪曲佛義，執幻為實，不停地想獲得，越想得到越得不到，每天生活在幻想中、恐懼中，上不著天，下不著地，最後是身心疲憊，慘不忍睹！

直到2015年遇到老師和真理，知道終於遇到正法了，只有老師可以救贖我，再不到處找尋了，緊緊追隨，從未離開。如飢似渴，學法踐行，不敢懈怠，倍加珍惜！

愛是唯一不變的答案，永恆的終極答案

「痛苦是我們內心的拒絕。」

     ——《接納（壹）》（2016-04-18）

「修行啊，你的一生，就是你的心與自我過的一輩子。外界沒有別人，世界只是幻影，修行就是內心深處，心識分別，與所分別的幻影在對話的一生。」

     ——《曙光》（2015-08-25）

「以愛融化自我，以愛寬恕罪惡，以愛接納因果，以愛消散恐懼。自我融化於愛，這就是出離；以愛包容世界，用愛擁抱苦難，這就是出離。心中的愛，融化了自我，就不會有我與他人的分別，眾生與我，皆是光明。」

「不要迴避現實世界，現實的世界，無一不是內心習氣記憶的投射。我們包容了內心，就善待了世界；我們接納、包容了世界，就擁抱了心靈深處孤單的靈魂。」

     ——〈造物主——大愛〉（2014-10-30）

是老師的這些法語解開了我的疑惑，慢慢地接納了自己的抗拒，接納了自己的命運，接納了自己的痛苦……多年積壓在心底的痛苦體驗一次次被釋放釋懷，終於有一天明白了，自己所經歷的一切都是上師的愛，只要能走上解脫之路，一切都是諸佛菩薩的加持！唯有真理可以解開這一切，唯有真神有這個威神力！

2022年9月，正好我也退休了，有大把時間泡在法中，但我忘了，我是曾經的邪教徒。

「大量的，海量的學法，對於這些詛咒過神佛的靈魂而言，都只是隔靴搔癢般，起不到任何淨化身心，喚醒靈性的作用，這些靈魂的罪業太深太深太重太重了。」

「同樣的修行時間，同樣的學法強度，同樣的真神救贖，在同等條件下的修行者身心內的靈魂狀態，邪教徒與普通人是天壤之別。

愛是唯一不變的答案，永恆的終極答案

邪教徒無論如何艱苦學法，無論他如何刻苦，如何虔誠，如何弘法，如何懺悔，可是靈魂很難與真理相應，靈魂很難喚起激動與感恩的欣喜。

　　邪教徒會拿著邪教的認知，來認知真神的教法，看看這個教法，能夠為自己帶來什麼好處。」

——〈立帖為證〉（2022-09-18）

　　是的，我就是這樣而不自知，很著外相、著文字相。也在踐行愛與寬恕，但是是在思維中，去給煩惱慾望找理由——「他也不容易，寬恕他吧」，是在忍，在委曲求全，是人格自我在寬恕人格自我，哪能寬恕得了？所以走得很累。這些體驗融化不了，時不時地返上來，被他帶動。就這樣形成一個循環，出不來。

　　「而邪教徒的身心內，完全看不到一絲光明。

　　他們的心靈體驗，是堅硬的，冰冷的，恐懼的，焦慮的，殘忍的，惡毒的，自私的，邪惡的，仇恨的，黑暗的。

因爲信受邪教組織的謊言，心中的自我體驗，被慾望牽動，邪教徒期盼自己成佛作祖，以自我人格利益最大化的目的，主導人心的起心動念，慾望與貪婪將靈魂塑造成狂妄自大、邪惡冷酷、目空一切的感受。」

——〈立帖爲證〉（2022-09-18）

老師的話就是我的眞實寫照。

從心裡認識到了，就開始行動，發大願，祈求老師加持，今生一定破除邪教知見，樹立正知見！用老師的法去對比輪法，果然，被邪知見凝固的心靈體驗都被眞理的光明給照射出來，得到眞神救贖。

「唯有眞神的穿透性光明，智慧威神力，可以摧滅裹挾著靈魂的，遮天蔽日的罪業，可以突破包裹靈魂的，不可思議厚重如虛空濃霧一般的業障，讓它們的靈魂看到一絲天堂的光明。」

——〈立帖爲證〉（2022-09-18）

愛是唯一不變的答案，永恆的終極答案

老師的話真實不虛！

2024年的1月1日，通過一次交流，終於發現了那顆「獲得心」：他因爲獲得不了而痛苦，怕失去了而恐懼，他因爲付出這麼多年而累得發狂抱怨。

用邪知見學法，方向不對等於白費，這顆心崩潰了；怕失去老師的保護而嚇得渾身癱軟；爲了追隨眞理，起早貪黑，不敢放鬆而累得發狂……

這些體驗一連串地來了，我選擇眞實面對，法就給展現出來，順著找到了體驗的源頭，是獲得和對失去的恐懼。也就是從老公患病，就開啓了這種模式。

因獲得不了而痛苦，怕失去老公而恐懼，爲家庭付出這麼多年而叫累喊怨。這麼多年苦和累的底色終於徹底翻篇了，取而代之的是愛與寬恕。

邪知見的危害，它滲透到了生活的方方面面，過去一直被它所活著。如果沒有上師宣揚佛知見，我這個邪教徒進了無間地獄都不知道咋回事！

　　根源融化了，身心鬆綁了，徹底從家庭的束縛中解脫了，解脫的感覺很美妙。然後就從攀緣外相轉到了內心，就覺得這些年從沒有修行過，一直在相上打轉，這次終於轉過了這個彎，真的很開心。

　　心外無物！心內求法！心地心地沒別的，加油！

愛是唯一不變的答案，永恆的終極答案

福報功德

父親的靈魂去了天道

今天有個朋友，因父親病危而捐款印書，這種行為是應當的；因為真理是通往天堂的橋樑，真理背後蘊含著漫天神佛，弘揚真理等同於拯救靈魂，助印真理等同於供養神佛；這顆發心與具體行為確實可以增長福報，而供養諸佛的功德確實可以超度靈魂，這類事情我是親身經歷者，有過切身的經驗體會。

最早得知，助印可以超度去世的靈魂，此事發生於2011年。

是當年的一位學生告訴我的，當時的我對此事絕對不相信。

當年他供養我現金我沒有接受，後來他就拿著錢去印書了。

半年後，清明節他去給過世的父母上墳。

清掃墓地後，去找他認識的幾位出家師父。

詢問他去世父母目前的情況。

想爲陰間父母的靈魂，做些力所能及的事情。

他認識幾位有神通的，道家的道士，還有幾個出家人。

那個時候他不知道我是誰，所以不眞正相信我的力量。

一邊和我學習，一邊又去與其他人學習。

他找一個道士，詢問他死去的親人的情況，那個道士觀察陰間後問他：你這半年內做過什麼巨大的功德嗎？爲何你的親人在幾個月時間內，被一種神聖強大的力量，超度到天道去了。

他不相信，找另外一個有神通的人去看，結果也是一樣。

於是他過來問我，他父母的情況。

我從小天眼就是開著的，可以看得見天道神靈，以及陰間靈魂。

我看到他的親人，確實處在天道的第三層世界中。

於是如實告訴他，他父母被神聖強大的功德力，超度到第三層天道去了。

但是我並不知道，這個強大神聖的功德力與我有關。

他聽我說完父母的情況，驚訝地說道：你們三個人說得一模一樣。

最重要的是，連我父母去的第幾層世界，你們說的都是一致的。

他回憶自己這半年來的言行：

並沒有去寺院放生，捐助資金，做水陸法會，或者齋僧供養。

就是將供養我的現金，拿去助印我的書籍了。

平時做一些校對文字的工作，僅有幾次為他人介紹真理而已。

就這一點微小的，不值一提的弘法行為，

卻在微觀世界中，展現出如此不可思議的功德。

愛是唯一不變的答案，永恆的終極答案

聽聞他親口訴說的經歷，我略微有所觸動，但是並未上心。

因為在修行者的觀念中，「福報功德」那是鬼魂才用得上的東西。

我是豁出生命所有，一世解脫的正覺者，要功德福報幹什麼用？

對於功德福報的在意，只能夠將修行者的心，留在生死輪迴之中。

所以潛意識中，對於福報功德，修行者是拒絕甚至於排斥的。

這些年陸陸續續，聽聞很多人，因為弘法出現的神奇的事蹟。

加上自身經歷的，罪業轉福報，福報轉功德的過程。

經歷了身心微觀世界中，靈魂性質的真實改變。

這才從心靈認知中，徹底扭轉了我對福報的偏見。

福報功德

237

福德缺失的後果

我家鄉有一個朋友，從25歲起得了一種怪病。

重症肌無力，殘廢一般地活著。

天南海北，全國各地求醫無效。

幾十年來不能正常地工作生活。

普通人的正常生活，對於他而言屬於奢侈品。

以神通觀察他生命微觀，福德已損耗得乾乾淨淨。

微觀世界中罪業如海，黑雲籠罩不見天日。

所以，即便現實生活中他家境富裕，有幾處房產。

可是，他自己切身的體驗，卻是生不如死。

在人生經歷中，面對著不可抗拒的災難。

危機時就體現出，福德承載生命的力量。

愛是唯一不變的答案，永恆的終極答案

福德缺失之人遇到丁點磨難，人生就會斷崖式下跌。

並且當跌至谷底後，就再也沒有，重見天日的機會。

而福德深厚的人，卽便遭遇飛來橫禍諸種災難，

看上去妻離子散，經受著人生煎熬，

也能很快地，化險爲夷，遇難成祥。

這類事情我見過太多，親身經歷的太多了。

福報功德對於普通人，就是你在「如來」那裡買的終身保險。

平時不能將福德轉爲現金，將功德福報變成你的生活資糧。

可是，在你蒙受滅頂之災的時刻，

你的堅貞信仰，與弘法福報結合在一起，

就能邀請庇護你的神佛，爲你兌現福德的「保險單」。

福報功德

福報的根本

宇宙，是眾生身心內「見性」分別，投射出，見性內的「知覺」對靈性的回憶。

知覺是墮落的「靈性」，靈性對天堂本體的記憶，透過知覺夢境，投射出「心靈見性」的分別；靈性是永恆的，純潔的，安寧的，幸福的，無限的，完美的，極樂的，靈性就是天堂；而見性，是心靈的根本；見性投射出的分別，是知覺的夢境，對靈性天堂的回憶與模仿；對天堂的回憶與模仿，通過見性折射出「地水火風見識空」，構成宇宙萬事萬物的七大元素。

宇宙源於心識，世界與自我，源於見性分別；世界唯心所現，命運只是見性中，所見分別呈現出來的，業境因緣而已。

現在，讓我們看看人類所謂的「福報」。

愛是唯一不變的答案，永恆的終極答案

人類認爲的福報，是有錢，有地位，受人尊重；

對應著靈性天堂的豐盈完善，盡善盡美。

身體健康，容貌豔麗，一生平順，心想事成；

對應著天堂中，生命愛之語言，所表現光明形態的，純潔純淨，自由無限。

青春常駐，家庭圓滿，子孫滿堂，事業有成；

對應著天堂的永恆完整，天堂是永恆的幸福與極樂的無限。

有花不完的錢，聲名遠播，身分顯赫，一生無災無難，得享高壽；

對應著天堂無限無邊的幸福安寧，豐盈無缺，心想事成。

人類看不到靈性宇宙。

因此，無法設身處地地，切身體驗人間與天堂之間，天

差地別的差異。

可是我現在時時處處，都處於天堂之內；這具身體核心的體驗主體，也就是心識見性「內在」，就是天堂的靈性光輝；因此，我與天堂、三界同在。

天堂與六道，對於修行者，是剎那中的，全息立體完整呈現。

修行者看得到，構成今生「自我」人格的，心意人格信息內涵。

看到「我」之起心動念中，每一個念頭深處的，無量細膩的記憶習氣。

看到與心識「思量」記憶連帶著的，在層層疊疊深邃的微觀世界中，隨著因果相續，業力習氣牽動思量，在無盡的業力世界中，隨過去未來時間牽動，隨因緣演化出來的，無盡細膩維度世界中的，無量無邊不同形態的「我」。

「我」的心意概念之下，不僅是個體意志的信息內涵，

而且連帶著，龐大無邊的，三界六道生死輪迴體系。

修行者目前，從個體意志的境界中解脫。
以原始生命的，完整靈性光輝普照六道。
同時普照靈性宇宙，同時普照三界人間。
詳細地知道，人間與天堂的相似之處，以及不同之處。

天堂就是靈性，是原始生命本體，是眾生靈魂本源；
換個角度說，眾生的真正自己，都源自於天堂，或者說，
眾生迷失了天堂，而迷失的自己，恐懼中投射出人間的「噩
夢」。

人性之中，蘊含著天堂的特質因素，將天堂的因素提
取出來，以人類的品行表達，就是純潔無私，廉潔公正，
光明溫暖，寬恕奉獻，坦蕩承擔，以及無條件的愛與接納；
任何人，無論此人人間的身分如何，他的心靈境界，只要符
合了以上標準內涵，此人的心靈內涵就與天堂同步，天堂的
光輝就會通過他內心的品行境界，在此人的肉體身心中折射

出來，靈性宇宙完美無瑕、永恆無限的光輝，靈性天堂通過人體在人間折射出來的光輝，就會呈現出，人間能夠想像到的，最大的最根本的，無限的福報，那就是「圓滿永恆的幸福」。

以最簡練的語言，高度概括福報：「信神、信佛」的虔誠之心，就可以激發人心之中的善良與溫暖，願意踐行寬恕與真實的心，就會與身心內在的靈性相輝映，靈性就是天堂，當人心遵循信仰，虔誠真理，踐行寬恕與愛的溫暖，天堂的聖光就會自內而外，普照此人的身心肺腑，滋養此人的覺受感知，淨化此人的心識自我，淡化塑造人格的業力記憶。

久而久之，雖然此人的形體，依舊在人間世界，可是內在的體驗感受，卻會恆久地處於溫暖安寧、純潔歡喜、微妙極樂、純淨光明的天堂境界；對於內心光明充盈、美妙歡暢、安寧安全的人而言，現實人間生活的狀態，真的不重要，無論你是富貴是貧賤，是健康是病痛，是乞丐是富豪，

現實身分與現實生活條件，絲毫不會影響到你內心完美天堂的極樂體驗，與感受中的無限幸福；因爲現實生活中的，所謂「人生」，根本上是心識分別投射出的，心靈見性對「所見」分別的記憶；而見性源於靈性對天堂的記憶，當，人心體驗之中，天堂的記憶甦醒，那麼，人心對人間的思緒記憶，就會被內心深處，靈性對天堂記憶的光明所沖淡，於是，無論你身處何處，靈性天堂的光輝，都無法被人心意識所左右。

　　這就是福報的根本。

說到底，對於人類而言，
什麼是福報？
對天堂的渴望，對真理的虔誠，
對神佛的選擇，可以改變宿命，
可以蒙受恩典，可以起死回生，
可以返老還童，可以消災避難，
可以榮登天堂，可以解脫生死。

愛是唯一不變的答案，永恆的終極答案

246

福報和功德的區別

看到了此人靈魂微觀宇宙的實相，嚇了我一跳。

原本已經乾涸，黃沙漫天的深淵絕壁中，
佇立起一座高聳入雲的，金碧輝煌的金色山脈。

就好像，馬里亞納海溝中，升起來喜馬拉雅山，而這座山是金子構成的，金山綻放著奪目璀璨的萬道霞光，萬丈金光照耀著靈魂所處的整體世界。

金山高聳入雲，直達天庭，幾萬米高空中飄浮的雲朵，圍繞在金山半腰。

仔細觀察她靈魂世界中的變化，確確實實讓我瞠目結舌；我見過太多太多，人間有大福報的人，這些人要麼是前世修善積累的功德福報，要麼是今生修行累積的善業福報，他們的生命微觀世界中，靈魂所處的世界範圍內，福報的體現是充滿虛空的白色雲朵，就好像新疆棉花豐收的時節，堆

滿荒野戈壁灘的棉花垛子，福德的體現就是白色的，像是棉花垛一樣的小山。

而此人靈魂背後的世界中，竟然是金山。

這是功德力，而不是福報力。

如果非要換算的話，那麼，十億噸棉花垛子的福報，也無法換來一微克黃金功德。

因為，功德與福報，屬於不同空間的物質，福報只針對能量宇宙內的眾生，而功德，是踏入靈性宇宙才可能擁有的資糧。

有點類似於，光線與泥土之間的對比，

不僅僅是形態與質量的不同，而是性質截然不同。

人世間擁有巨大福報的凡人，可以用福報換取榮華富貴，遭遇災難時遇難成祥，健康長壽子孫滿堂，在風風光光過完一生後，靈魂攜帶剩餘的福報繼續轉世輪迴，投生於不

同的善道，以凡夫心繼續生死輪轉，直至福報消耗完後墮落惡道，以餓鬼、畜牲的形體償還「識心分別」營造的我執罪業。

　　而擁有功德的靈魂，因爲功德無法轉換爲福報，功德是神才具有的資糧。

　　因此，此靈魂反而不會在人間，體現出自我享受的榮華富貴。

　　恰恰相反，因爲這個靈魂，具有了成神的資格。

　　那麼此人就必定遭遇，自心性中「提純」靈性的過程。

此人的靈魂，在經歷人間無數次打擊，踐踏，蹂躪，摧殘後。
依舊不改對「寬恕」的信仰，依舊以聖愛的溫暖擁抱世界。
依舊以愛的溫暖善良，面對黑暗的人性。
依舊以寬恕的信仰，溫暖傷害她的邪惡。

愛是唯一不變的答案，永恆的終極答案

三次破產後的重生

說一說我的十三年來真實的經歷，如若不是遇到老師、遇到真理，我早已萬劫不復。

2011年我先生做期貨，大概虧了1000多萬人民幣。那是我們第一次破產，當年我24歲，我先生28歲。

2014年到2015年之間，終於賺到一些錢，大概賺了1個億人民幣，沒想到，緊接著1個億竟然就全部虧完！為此我們賣了兩套房，但完全資不抵債。這是我們第二次破產。

第三次破產在2022年，我先生做醫藥股失敗，差不多又虧損超過5000萬人民幣。

這三次是人生中主要的大破產，其餘大大小小的投資失敗，懶得贅述了。準確地說，我們整整破產了12年。

失眠、焦慮、抑鬱、幻聽，多年以來各種症狀如影隨形地跟著我，我常年需要依靠精神類藥物治療，根本看不到希望的人生，如墮入地獄一般，每天都覺得生不如死。

前幾年無意之中在網絡上看到老師的文章，又無比幸運地聽到老師的音頻，從那時起，我的命運齒輪就開始轉變了⋯⋯

從得遇真理，我沒有一天離開過老師的聲音，漸漸地，我內心不再急切地往外攀緣，懂得了心外求法如沙蒸飯，慢慢地，內心的安全感越來越足，壓抑慢慢消失，失眠等都在逐漸好轉。老師教我們寬恕和愛，不定義的寬恕，無分別的愛，以愛去溫暖自我，以愛去包容自我，以愛去寬恕自我，以愛去接納一切。

伴隨著心靈的痊癒和身體的逐步健康，我把老師的文字和音頻也分享給了很多生活在迷茫中的人，越分享越開心，越分享改變越大。與此同時，我先生的事業也開始好轉，欠

愛是唯一不變的答案，永恆的終極答案

252

債越來越少，僅僅幾年時間，我們就基本還完了鉅額欠債，這是我們曾以爲一輩子都不可能還完的債！

現在我內心很幸福，每天都活在放鬆、平靜、安寧的身心環境中，而且很富足的——精神富足，物質富足。

以愛去溫暖自我，以愛去包容自我，以愛去寬恕自我，以愛去接納一切。

福報功德

是老師救了我的命，是老師重新塑造了我的生命，老師就是我的再生父母。如果沒有老師，我們與活在地獄裡的鬼沒有任何區別，感恩老師教會我們：所有苦難的根本原因是遺忘了愛，失去了愛的靈魂才會恐懼，恐懼的心靈才會去攻擊別人，寬恕那些「無法寬恕」的自己，喚醒愛，就會被神之愛救贖，唯有愛可以融化苦痛，愛之光能會修復肉體細胞身心。

愛是唯一不變的答案，永恆的終極答案

254

足不出戶，收入翻10倍

　　五年前，我身體虛弱，這不能吃那不能喝，不能玩遊戲，不能看電影，普通人的正常生活，對於我來說就是奢侈品，這就是沒有福報的表現。

　　同時，由於身體的原因，我不能正常上班，只能失業在家。看著銀行卡的餘額越來越少，時常會因為未來的生存而焦慮恐懼。想著在網上賣點小東西，也好不到哪兒去，每個月只有微薄收入。

　　後來學習真理，我開始改過自新，按照老師的教導去實踐寬恕，去做法布施。焦慮恐懼的內心，逐漸被愛和溫暖融化，我慢慢感覺到，生命開始上升，福報開始累積。去年，竟然有一份既輕鬆又適合我的工作，主動找上了我，我平時足不出戶，機緣自動就來了。最近幾個月，每月收入已經可

以達到以前的十倍左右。

　　現在生活上寬裕了，很多東西想買就買。內心很富足，這種富足並不是物質上擁有很多，而是內心感覺什麼都不缺少，不會緊張，不會焦慮，不會擔心未來，很安逸，很舒適，很幸福，一種什麼都不缺的狀態。

　　這就是福報上來了，原來福報除了體現在物質上面，更體現在內心的狀態上。這一切都是真理的賜福和饋贈，虔誠真理是無比的溫暖幸福。

　　我有一個中產二代的朋友，他雖然物質上什麼都擁有，但是工作、生意不順，總是擔憂未來，和他聊天能感受到他的內心的貧瘠、焦慮、擔憂，這就是缺乏福報了。

　　福報足夠的人，哪怕現在物質上缺少，內心也不會感覺自己缺少什麼，會覺得以後會有的，很少焦慮，很少擔憂。

愛是唯一不變的答案，永恆的終極答案

驅逐靈體

無論何種附體，都能痊癒

　　學生：（被附體）那段時間，我整個人是極度無力，昏昏沉沉，眼看著生命力一點點抽離，內心恐懼，憑著求生的慾望和對老師教法的相信，堅持學法抄法，慢慢緩過來，現在學法時而精進，時而懈怠，但內心越來越堅定了，會永遠跟隨老師修行。

　　我還是想解惑，到底有沒有附體，若有，是什麼附體，以後他們會禍害人間嗎？（節選）

動物沒有理智，沒有戒律，沒有道德觀念，擁有超凡能量的動物精，就一定會，註定會敗壞人間傷害人類。

老師：整體三界六道，在法界聖賢眼中，猶如指尖一粒沙；眾生累劫輪迴生死中，滾滾業障無盡黑暗，在真神眼中就是手心中的灰塵，無足掛齒。

讓人類談虎色變的「附體」，在聖殿之中就是微生物，讓宗教徒戰戰兢兢，聞風喪膽的妖魔鬼怪，在聖殿中就是蟎蟲。

這些侵擾人間的禍害，對於真修行者而言，不值得談論，就是一個笑話。

驅逐靈體

聽著我的音頻去生活，無論你身上是何種附體，都百分之百能痊癒，只要你的靈魂與真理同在，沒有任何邪魔外道可以恐嚇你。

　　我保證這一點。

　　真理可以超度靈魂升入天堂，這是何種威能？

　　真理可以起死回生，這是何種神蹟？

　　附體，冤魂，鬼魅，在你的心靈與真理相應的那一瞬間，都會被法界聖光普照，要麼被慈悲之光超度，要麼被威神力熄滅，這就看他們自己的選擇了。

　　神人有別，你們千萬不要用卑微的人類心意，去揣測真神的慈悲與威神力，只要你的心願與信仰同在，三界中沒有任何生命可以威脅到你。

　　因為信仰，與諸佛同在。

　　學生：回顧學法三個月來，我感覺以前的外道附體，還在跟著我，擾亂我，阻礙我的學習。

老師：24小時戴著耳機聽我的講法，所有的音頻都過一遍，可以徹底治癒你身上的附體，你在聽法的時候，內心要有一個願望：老師的聲音才是我的思想，其餘的一切想法都不是我，這樣就是打開了心扉讓真神住入心靈之中，真神之光就會驅散你體內的低級靈體。

驅逐靈體

案例
「雙修」邪魔附體被清理

2018年—2019年期間，我先後遇到兩位邪師，一個是拍打的魔鬼，一個是自稱密宗的邪師，且由於無明業障深重，均與以上兩位魔鬼「雙修」過。並且在很長一段時間內，深受自稱密宗的邪師的邪靈附體干擾，苦不堪言。

在與邪師交往的那段時間裡，曾經有次在泡澡時，身體出現了不正常的燥熱，甚至有一小段時間感覺到有一個大長舌，不停地在我肚子裡掃捲著。曾經有一天，莫名其妙地，突然間身體發冷，頭痛欲裂，上吐下瀉，渾身無力，從中午延續到下午六點，後來又莫名其妙地瞬間好了，一點事都沒有。我發微信詢問對方，他回我說：想你了。後來又陸續發生過幾次，都是他在意淫我的時候。他曾經在我肚子上有類似於畫符的動作，嘴裡還念念有詞。

附體的男人，你要是被他雙修了，你的靈魂就徹底完蛋了，他不僅僅是色鬼流氓那麼簡單的性犯罪者，而是食人精血的妖魔。

2020年10月正式抄法，兩個月後，業障開始出現，週末時候，邪師那邊經常騷擾我，我會頭暈，太陽穴像被上了緊箍咒一樣發緊，有時候又頭痛欲裂，身體發冷，時而伴有上吐下瀉，痛得沒有辦法走動，經常一天24小時就只能半躺著，生不如死。

有次我實在痛苦得受不了，想著求他放過我，這一念起，我感覺到的卻是他對我的惱羞成怒。後來我拉黑刪除了他的所有聯繫方式，徹底遠離。

這樣的日子斷斷續續長達4個月，如果沒有老師的慈悲救贖，如果沒有真理的清洗，如果沒有憑著單純的信，真的難以想像那段日子我要怎麼堅持過來。

學習真理後，我一次醫院都沒有去，一粒止痛藥都沒有吃，實在難受的時候，就在頭上倒滿風油精，不停地敲打按摩，同時整天整夜24小時地聽法、聽《夢》，一步都不敢離開老師的聲音。

老師曾開示某位師兄：「當你的靈魂，完全沒有保留地，託付於真神時，附體就會被護法神清理，生命就會被天堂所救贖。」

果真如此，跟隨老師學法兩年後，那種被靈體侵擾的感

覺一點都沒有了，身體越來越好了，皮膚透亮，眼睛明亮，身上散發著青春洋溢的氣息。心靈也越來越柔軟，真的是脫胎換骨！

驅逐靈體

青年被鬼上身

　　我兒子有一位好朋友，在白俄羅斯讀書。這個小伙子回國後，某天來我家裡吃飯時，一進門就發現他身體上的異樣，他的頭每隔幾秒就不自主地點一下，直覺告訴我，他被附體了。於是，我立刻結緣給他恩師的小播經機和大播經機，並囑咐他小的24小時掛身上不要離身，大的在客廳裡播放，要24小時開著。

　　後來小伙子反饋說，第一天拿回家就睡了個安穩覺。在此之前，自從回國開始，他每晚睡覺都會夢見剛過世不久的外公。

　　小伙子從播經機上受了益，平時很自覺地帶著小機子，不敢離身。和我兒子晚上在外面玩時，他會很自豪地拍著口袋問：「你帶了嗎？我帶了！」我兒子告訴我說：「他開得

好大聲啊，說不讓周圍那些東西靠近自己。」

　　小伙子要返回白俄羅斯之前，又和他媽媽來我家吃飯，這次幾乎沒有見他不自主地點頭了。他媽媽說，發現孩子點頭後，就帶他去醫院，可是醫生卻說一切正常。本來她是沒有信仰的，這次感受到播經機的厲害了，回家後，小伙子的媽媽把大的播經機拿到自己臥室去放了。

　　前些時候，一位佛友叫我一起去本地精神病院，看望一個才20歲的年輕女孩。據說，這已是她第三次發病，醫院診斷為抑鬱症。一見到她，我們就給她分享受益於恩師教法的種種案例，同時把小播經機掛在她脖子上，單曲循環播放《夢》。

　　才幾分鐘的時間，這個女孩突然說了一句：「阿姨，真的有用！」我聽懵了，問她：「什麼有用？」她說：「這個機子有用，我的幻聽沒有了！」我們驚訝地問：「啊？你還有幻聽嗎？」她回答：「是啊，我平時會感覺有好多好多人

在我耳邊對著我說話，我好煩！但是，一掛上這個小機子，這些聲音就沒了！」哇，這太好了。離開醫院前，我囑咐她，除了上廁所時，一定要24小時掛著小機子。

妖魔附體，是心靈感受，失去了意識理性的掌控，任由心靈感受與慾望，反過來操控意識，展現出「精神分裂」、「狂躁症」、「人格分裂」、「臆想症」，諸種精神疾病。

　　隔了一天，我在微信上問她，晚上睡著了沒？她說自從掛上小機子後，她終於睡了個好覺，她好開心啊。之前她除了有幻聽，還長期失眠，就算是住院吃藥也睡不著覺。

愛是唯一不變的答案，永恆的終極答案

又過了四五天，我再次問她最近睡眠如何，她回答：
「我睡得很好！」她覺得，這次自己可以出院了。我鼓勵
她，出院後繼續24小時聽法。

一切生命未曾離開過愛
一切靈魂都歸屬於愛
愛未曾遺忘一人

國家圖書館出版品預行編目資料

愛是唯一不變的答案，永恆的終極答案／東方
聖光著. --初版.--臺中市：白象文化事業有限公
司，2024.8
　　面；　公分
ISBN 978-626-364-374-1（平裝）
1.CST: 靈修 2.CST: 修身
192.1　　　　　　　　　　　　113007585

愛是唯一不變的答案，永恆的終極答案

作　　者　東方聖光
發 行 人　張輝潭
出版發行　白象文化事業有限公司
　　　　　412台中市大里區科技路1號8樓之2（台中軟體園區）
　　　　　出版專線：（04）2496-5995　　傳真：（04）2496-9901
　　　　　401台中市東區和平街228巷44號（經銷部）
　　　　　購書專線：（04）2220-8589　　傳真：（04）2220-8505
出版編印　林榮威、陳逸儒、黃麗穎、水邊、陳婷婷、李婕、林金郎
設計創意　張禮南、何佳諠
經紀企劃　張輝潭、徐錦淳、林尉儒
經銷推廣　李莉吟、莊博亞、劉育姍、林政泓
行銷宣傳　黃姿虹、沈若瑜
營運管理　曾千熏、羅禎琳
印　　刷　基盛印刷工場
初版一刷　2024年8月
定　　價　240元